—— 科普基石丛书 ——

DNA揪出
"波士顿色魔"

DNA JIUCHU
"BOSHIDUN SEMO"

《科普基石丛书》编委会　编著

四川科学技术出版社
·成都·

图书在版编目（CIP）数据

DNA揪出"波士顿色魔" / 《科普基石丛书》编委会
编著. -- 成都：四川科学技术出版社，2017.6 (2023.1重印)
（科普基石丛书）
ISBN 978-7-5364-8651-5

Ⅰ. ①D… Ⅱ. ①科… Ⅲ. ①法医学－普及读物
Ⅳ. ①D919-49

中国版本图书馆CIP数据核字(2017)第108017号

科普基石丛书·DNA揪出"波士顿色魔"

编 著 者	《科普基石丛书》编委会
出 品 人	程佳月
选题策划	程佳月
责任编辑	陈敦和
封面设计	墨创文化
责任出版	欧晓春
出版发行	四川科学技术出版社

成都市锦江区三色路238号　　邮政编码：610023
官方微博：http://weibo.com/sckjcbs
官方微信公众号：sckjcbs
传真：028-86361756

成品尺寸	170mm × 240mm
印 张	7.5
字 数	140千
印 刷	天津旭丰源印刷有限公司
版 次	2018年1月第1版
印 次	2023年1月第2次印刷
定 价	36.00元
ISBN	978-7-5364-8651-5

目 录 contents

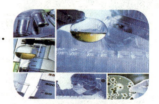

DNA揪出"波士顿色魔"

老侦探术与DNA技术联袂,初步破解了一桩50年前的悬案。

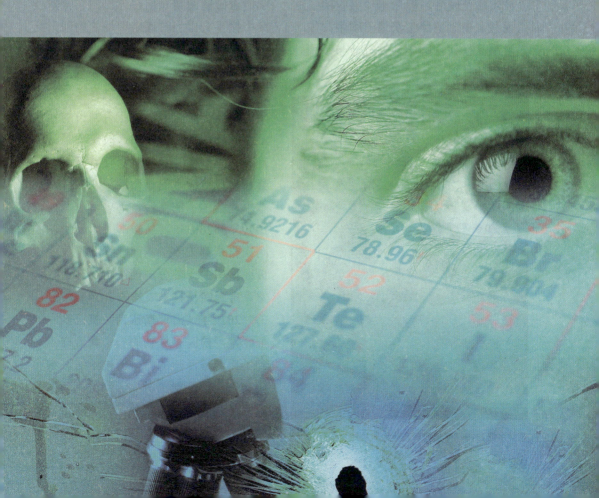

50多年前的美国波士顿是一座恐怖之城。从1962年到1964年，11名女子在自己的公寓房间里被强奸并勒杀，杀人凶器通常是她们自己的长袜。一时间里整座城市陷入恐慌，凶手被媒体称为"波士顿色魔"。

警方和审判人员被勒令尽快终结此案。为此，当时已知的每一个性犯罪者都被拉来审问，但他们看来都不是此案的凶手。在"波士顿色魔"奸杀最后一名受害者之后不到一年，警方相信自己终于锁定了嫌疑人：三流小偷加强奸惯犯阿尔伯特·德萨尔沃。此人最终因另一桩系列强奸案被判终身监禁。他在狱中对一名同室囚犯"坦白"说，他就是"波士顿色魔"。但后来他又收回了这个说法。由于德萨尔沃惯于吹牛，加之当时缺乏任何法医学证据把他与系列奸杀案中的任何一件案子联系起来，所以

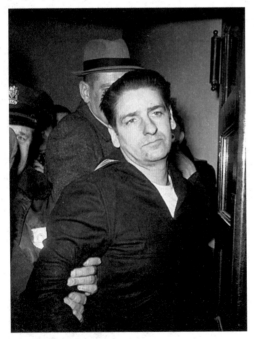

德萨尔沃在1967年被捕后几分钟的照片

他从未被指控与系列奸杀案有关。1973年，德萨尔沃被一名狱友谋杀身亡。

看来"波士顿色魔"悬案已被德萨尔沃带进坟墓了。不过，对好莱坞来说这倒不是一桩悬案。当时的男星托尼·柯蒂斯因为在1968年的影片《波士顿色魔》中扮演德萨尔沃而赢得了一个金球奖。这部影片让"波士顿色魔"形象在美国公众心目中根深蒂固。

时光荏苒，30年很快过去，到了20世纪90年代。波士顿警方犯罪实验室主任唐纳德·海耶斯在阅读1996年出版的一本讲述"波士顿色魔"的书籍（该书声称此案至少有8名凶手，但德萨尔沃并非其中之一）时突发奇想：现代法医学能否破解此案？他在自己的实验室档案中搜寻来自当时谋杀现场的物证，结果发现了装着此案最后一名受害者、19岁的玛丽·苏利文的物证的一系列盒子。其中一只盒子里装的是地毯样本，苏利文的尸体当时就躺在这张有精斑的地毯上。此外，马萨诸塞州（波士顿是该州首府）医学检验室依然保存着有1964年苏利文尸检样本的显微镜载物玻片，样本中包括凶手的精液。不过，海耶斯于1999年和2001年，从样本中提取DNA的两次尝试都失败了，而且损坏了这些宝贵证据中的一部分。他决定封存这些样本，直到DNA技术成熟的那一天。

2012年，海耶斯认为时机已到。他把此案尸检时采集到的一份精液样本送到了弗吉尼亚州的"博德技术法医学实验室"，还把地毯切片送到得克萨斯州的"澳奇德DNA检测公司"。两份样本产生了相同的基因图，经过美国联邦调

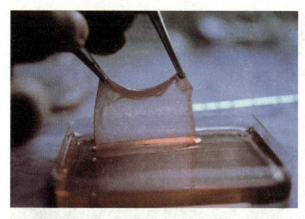

DNA检测技术的进步，有助于破解不少以前难以破解的疑案

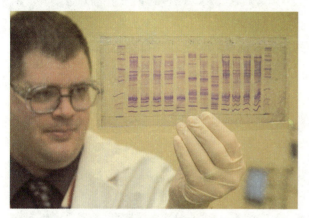

德萨尔沃的尸体被掘出后获取DNA进行检测

查局的"合并DNA指标体系"（其中包括数百万名罪犯的基因图）比对，未能发现匹配者。至此，就到了把精液样本中的DNA与德萨尔沃的基因图比对的时候。但波士顿警方实验室没有德萨尔沃的任何DNA样本。而要想获得这样的样本，掘出德萨尔沃的尸体是唯一可靠的办法。然而，除非经过法庭许可，海耶斯是不可能这样做的。

于是，海耶斯把目光投向了德萨尔沃的家族成员。如果德萨尔沃是这些精液的来源，那么他的亲兄弟的儿子蒂莫西就应该能证明这一点，因为蒂莫西应该遗传了与德萨尔沃相同的DNA——Y染色体几乎一成不变地从父亲传给儿子，同一男子所生之子共享几乎相同的Y染色体，而Y染色体可以通过测试生物学材料来加以比较。DNA测试技术方面的进步，使得法医通常都能得心应手地从样本提取基因图。而在几年前，样本可能会因太小、太老或者太退化而被判定无法使用。

考虑到德萨尔沃的家族会抵触合作，警方暗中跟踪蒂莫西，捡到了他扔掉的一只水瓶。通过比对从水瓶上得到的蒂莫西的DNA样本和取自苏利文尸体和尸体所躺地毯上的精液样本，两者完全匹配。虽然这并非"波士顿色魔"就是德萨尔沃的确定性证据，但足以说服法庭下令掘出其尸体。由此，来自德萨尔沃的牙齿和胫骨的样本被送往"澳奇德"公司。2013年7月公布的鉴定结果显示：他的DNA与上述精液样本的DNA惊人匹配——这些精液属于非德萨尔沃的一名白人男性的概率仅为2 200亿分之一。

至此，经过最新犯罪调查技术和老式侦探术联袂，"波士顿色魔"案终于初步破解——德萨尔沃至少是确定无疑的凶手之一（如果真的还有其他凶手的话）。警方将乘胜追击，追查德萨尔沃与"波士顿色魔"系列奸杀案中其他案子的牵连，争取彻底破解50多年前的这一系列凶案。

德萨尔沃的尸体被掘出以接受DNA检测

DNA保存与古DNA

"波士顿色魔"案初步破解的报道，让不少人产生了这样的疑惑：DNA究竟能保存多久？

DNA会随着时间降解（或称退化），它能保存多久取决于保存状况。暴露于诸如高温、水和阳光之类的环境中，DNA分子降解得更快。保存DNA的最好办法就是将它冷冻，并密封在真空容器里。2012年，科学家估计出DNA的半衰期（指一个DNA分子支架上的半数键断裂的时点）是521年。这意味着，在理想条件下，DNA可存活大约680万年，在此之后所有的键都会断裂。不过，DNA可"阅读"的时间只有大约150万年。已经记录到的最古老的DNA是在格陵兰冰层中被发现的，其年龄估计为45万—80万年。

对真正意义上的古代DNA的研究始于1984年。当时，美国伯克利学者报告说，从博物馆中保存的一名死于150年前的人的样本中依然能提取到DNA并能用于测序。随后两年里，通过对天然木乃伊和人工木乃伊样本的调查，有学者证实这种现象不仅限于相对近期的博物馆样本，而且可以推广到好几千年前的木乃伊残骸上。然而，当时要想测定这类DNA序列（通过细菌克隆）所需的过程极其费力，因此实际上阻断了古DNA领域的发展。不过，随着聚合酶链反应在20世纪80年代末期问世，该领域又恢复活力，迅猛发展。

不少学者开始在古DNA领域施展身手。很快，一系列令人难以置信的发现被公布。他们声称哪怕从几百万年前的样本中也可能提取到真正的古DNA，这样就把古DNA研究延伸到了远古DNA领域。绝大多数这类发现都是基于从保存在琥珀中的生物样本中提取DNA。从采集自多米尼加的琥珀中，有学者提取了可追溯到渐新世（3 400万—2 300万年前）的蜜蜂、白蚁、木虫、植物和细菌样本，并进行了测序。有学者甚至声称，从黎巴嫩琥珀中嵌入的象鼻虫中，提取到了可追溯到白垩纪（1.46亿—6 550万年前）的DNA。

DNA提取并不仅限于琥珀。保存于沉积物中、年代在第三纪中新世（2 300万—533

万年前）的植物残骸，据说也得到了成功检测。1994年，一组国际科学家报告了迄至当时最激动人心的发现：从8 000万年前的恐龙骨骼上，提取到了恐龙的DNA。1995年，两项研究声称，从一只恐龙蛋里提取到了恐龙的DNA序列。这些远古DNA研究结果似乎还不够惊人，后来还有学者声称：从岩盐中提取到了2.5亿年前的嗜盐古菌的DNA序列。远古DNA领域看来将引发对地球进化历史的革命性改写。

不幸的是，远古DNA领域的黄金时代并未能持续。一项颇具影响力的研究指出，近期的远古DNA研究中，哪怕来自于几十万年前的样本中的DNA也很少。一个更令人关注的问题是，远古DNA很容易遭到环境污染，其化学稳定性根本就不够。例如，上述"恐龙DNA"后来被揭露是人类的Y染色体，而"嗜盐古菌DNA"被发现与现代细菌的DNA很相似，这些都暗示样本可能被污染。最近的研究也暗示，这些细菌DNA样本或许根本就存活不了这么久，可能是长期低水平代谢活动的产物。

尽管这样，古DNA（包括远古DNA）领域的研究成果还是越来越多，范围也越发广泛。已经过检验的组织不仅包括各种人体和动物木乃伊残骸，也包括骨骼、远古粪便、酒精保存的样本、老鼠粪便、干燥的植物残骸，甚至还有直接从土壤中提取的动植物DNA。2003年，一组学者宣布：运用提取自加拿大育空地区永冻层中保存的腿骨材料，他们测定了78万年前至56万年前的远古马的DNA序列。2013年，一组德国研究人员重建了德宁格尔熊的线粒体基因组。这证明了即使在永冻层外，远古DNA也能保存几十万年之久。

由于古人类学家、考古学家和公众对人类遗骸的极大兴趣，DNA研究领域对古人遗骸的关注得以推动，其中许多研究使用木乃伊组织作为古人DNA的一种重要来源。相关的案例既包括天然保存的样本（例如在阿尔卑斯山冰层中保存的"冰人奥兹"的干尸、在安第斯山上被自然风干的高山木乃伊），也包括人工制作的木乃伊（例如用化合物防腐的古埃及木乃伊）。当然，木乃伊来源毕竟有限，因此绝大多数的远古DNA研究都聚焦于在考古记录中常见的两个DNA来源——骨骼和牙齿。最近，多个其他来源也产生了远古DNA，尤其是远古粪便和毛发。不过，对古人遗骸进行的DNA研究依然受到一个主要问题——污染的困扰。

在古DNA检测中使用已退化人类样本的现象，不仅限于人类DNA增殖（或称扩增）。不难理解的是，人在死后的一段时间里，DNA可能会挺过存在于死亡时样本中的任何微生物的攻击，其中不仅包括死亡时存在的各种病原体（它们是死亡或长期感染的原因），也包括共生体和其他有关的微生物。虽然多个研究报告指出这类DNA的保存很有限，例如在18世纪用乙醇保存的样本中未能发现幽门螺杆菌被保存，但是也有超过45项公开发表的研究指出，从超过5 000年前的人体样本和远至17 000年前的其他生物样本中，成功提取到古代病原体的DNA。除了常见的组织来源例如木乃伊、骨头和牙齿之外，这类研究也检验了更大范围的组织样本，包括钙化的胸膜、嵌于石蜡中的组织和用福尔马林固定的组织。

（刘声远）

法医毒理学趣谈

　　法医毒理学是应用毒理学及相关学科的理论和技术,研究与法律有关的蓄意和意外或灾害引起中毒的一门学科。1815年,一个被送上绞刑架的英国女厨在无意中推动了现代法医毒理学的发展。在今天,在震慑投毒和毒品犯罪方面,法医毒理学正起着越来越重要的作用。

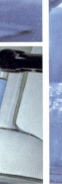

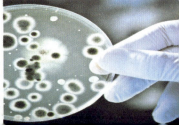

毒面团谜案

一个英国女厨在无意中推动了现代法医毒理学的发展。

1815年6月26日早晨，伦敦西门纽盖特监狱外的绞刑台上，20岁的厨娘埃丽萨·芬宁弓着身子向监狱牧师耳语。一些旁观者以为，发自她灵魂的恐惧最终迫使她承认了自己所犯下的死罪。然而，事实恰恰相反。监狱牧师后来透露，芬宁当时其实是在为自己的清白作最后一辩。

芬宁案的案情是：芬宁是当地的法律文件代书人罗伯特·特纳雇佣的厨娘。一天夜晚，罗伯特夫妇、罗伯特的父亲、一名女佣以及两名学徒在吃了芬宁做的布丁（一种英国传统食品，以蛋、面粉和牛奶等为原料制作）后，出现剧烈的胃痉挛和呕吐。法庭上，证人作证说，案发当天，在芬宁制作布丁期间，没有其他人进过厨房。证人还作证说，芬宁看起来不喜欢自己的老板。法庭最终认定芬宁是投毒者，尽管她自己也有中毒症状（这被法庭解读为，她为了避免被怀疑，也吃了一点点有毒的布丁）。于是，芬宁被送上了绞刑架。

把芬宁送上绞刑架的关键人物是此案的专家证人——马歇尔。从一开始，他就笃信此案受害者遭到了砒霜的毒害。砒霜是最古老的毒物之一，正式名称是三氧化二砷，无臭无味，外观为白色霜状粉末，致人死命的剂量很小。

1815年时被用来鉴别砒霜的方法主要有三种。其中最古老（也最可疑）的方法是，把被怀疑为砒霜的物质投进火炉中，闻一闻有没有大蒜味。第二种方法是还原法，其原理是砒霜受热后会失去氧，还原为砷，留下一层镜面似的沉积物。第三种方法是沉淀测试法，即向可疑溶液中添加特定的化合物，然后观察溶液颜色的改变情况。

马歇尔称，他从清洗芬宁和面用的盘子的水中得到了半茶匙白色沉积物，当他把其中一些投入火炉后，闻到了明显的蒜味。他还把芬宁做布丁剩下的一点面团置于一枚半便士的铜币上，用蜡烛加热铜币，结果也闻到了"几乎无可辩驳"的蒜味。冷却后，铜币表面呈现"银白色"。马歇尔还称，他还请科芬园（伦敦中部一个花卉蔬菜市场）的一名化学家对他提供的样本进行了两次沉淀测试。

马歇尔向法庭提供了他的结论：这是一桩"确定无疑"的砒霜中毒案。然而，当时英国少有的几名真正的专家之一——罗伯特·克里斯蒂森提醒说，对这类测试要多加小心，尤其是所谓的颜色改变实际上远远不明确。

当时的作家约翰·沃特金斯也对马歇尔的结论提出了质疑。他指出，如果从清洗和面的盘子中残留的少许生面团的水中真能产生半茶匙的砒霜，那么，当晚被吃掉的四个半布丁必定包含1 800个砒霜颗粒，只需其中5个砒霜颗粒就足以杀死一个人。当晚仅罗伯特的妻子所吃的四分之一布丁就能杀死10个人，而罗伯特所吃的一个半布丁足以杀死120个人。可是，此案中并没有一人死亡。沃特金斯认为，对此唯一的解释是：砒霜粉末是在面团和好之后撒进去的。芬宁并非唯一有机会作案的人，在她和面期间无人进过厨房这一点并不重要，因为砒霜完全有可能是后来被人加进面团里的。

沃特金斯还提出了几个问题：马歇尔是否检验过用于煮面团的盆子？是否检验过和面所用的水和煮面团所用的水？是否检验过烹饪所用的酱料？是否检验过牛奶罐（制作面团布丁需要加奶）？而这些问题的答案都是"否"。

马歇尔还犯了一个严重错误。法庭上，罗伯特作证说，他家的刀叉在这次事件后严重变污。法庭问马歇尔：砷是否会让铁变黑？马歇尔回答："毫无疑问。"

事实上，19世纪初期，法庭在断案

埃丽萨·芬宁案在一定程度上标志着法医毒理学的开端

时所依赖的"专家证据"的质量大多数都很差，当时法医毒物学尚处在启蒙阶段，而大多数所谓的"专家"其实只是诊治过受害人的医生。投毒案审理尤其如此。1821年，当安·巴伯因谋杀丈夫詹姆斯·巴伯的罪名受审时，当地医生詹姆斯·辛多在对詹姆斯·巴伯的胃内物进行检验后宣称：詹姆斯·巴伯死于砷中毒。然而，在"很有学问"地与人讨论了自己的发现之后，辛多又愉快地承认："此前我从未进行过这样的检测，也从未见过他人运用过这样的检验手段。我对砷这种毒物实际上很不熟悉。"尽管如此，陪审团最终还是判处安·巴伯绞刑。

在芬宁被处决后，马歇尔成为众矢之的。为了证明自己的无辜，马歇尔出版手册宣称，他发现了许多相关事实，能够证明芬宁的罪名成立。然而，他所说的"事实"要么是道听途说，要么是造谣污蔑。

马歇尔在公众面前大丢面子，但对芬宁来说，一切已经太晚。不过，这个女厨却在无意中推动了现代法医学尤其是法医毒理学的发展。

砷中毒研究

到今天，砷中毒已经发展成为法医毒理学中的一个重要分支。

有关芬宁有罪与否的争论持续了至少20年之久。这桩闹得满城风雨的诉讼案引发了一

历史上著名的砷中毒

纵观历史，古今中外死于偶然或故意的砷中毒的名人不在少数。

1871，美国探险家查尔斯·佛朗西斯·霍尔（1821—1871年）在乘坐"北极星号"探险船第三次远征北极期间离奇死亡。当时，他在一次雪橇探险后回到船上，喝了一杯咖啡，随后突然暴病，呕吐不止，精神错乱。这种症状持续了一个星期，然后好转了几天。他指控多名船员毒杀他，其中包括与他一向不和的随船医生埃米尔·贝塞尔斯。不久，霍尔再遭相同的症状折磨，并最终死亡。他死后被葬于岸上。远征船回国后，美国海军的调查结果认为：霍尔死于中风。

1968年，霍尔的传记作者乔叟·鲁米斯前往格陵兰发掘霍尔的尸体。由于永久性冻土的缘故，霍尔的尸体、裹尸布、衣物和棺材都保存完好。对骨骼、指甲和头发样本的检测都显示，霍尔死于生命最后两星期里的高剂量砷中毒，这与船员报告的霍尔症状相符。有可能是霍尔服下的假药中含有砒霜，但也有可能是贝塞尔斯医生或其他某个远征团成员谋杀了他。

这是据信被投毒致死的美国探险家查尔斯·弗朗西斯·霍尔的下葬场面

2008年，中国科学家在运用多种高科技手段对光绪皇帝的头发和衣物等进行检测后证实，这位中国历史上倒数第二个皇帝死于大剂量砒霜中毒，谋害他的人可能是慈禧太后（光绪和慈禧的死亡时间间隔不到20个小时）、铁腕人物袁世凯或者大太监李莲英，杀人目的无非是争权夺利和政治斗争。

英国国王乔治三世（1738—1820年）的个人健康在他漫长的统治期间一直是令人关注的问题。他罹患周期性的生理和精神疾病，其中五次发病都

光绪皇帝死于砷中毒

害得这位国王无法履职。1969年，科学家宣布，乔治三世的周期性发疯和其他身体症状与卟啉症相当吻合，而他的直系亲属和非直系亲属中的一些人也患有这种病。2004年的一项研究，从乔治三世的头发样本中检出了极高含量的砷，它有可能诱发了乔治三世的疾病。2005年的一项研究则暗示，乔治三世身上的砷可能与他一直服用的药物中含有锑有关，因为锑和砷常常共存于相同的土壤中，而当时提取矿物质的技术不够精良，因而无法从含锑的化合物中分离出砷。

英国国王乔治三世疑死于砷中毒

场学术征战，其发起者是约翰·戈登·史密斯，前英国陆军外科医生，1828年被任命为英格兰首位法医学教授。

史密斯在伦敦大学履职后不久，就请求政府把法医学列为所有医学专业学生的必修课。在他看来，在医院里倍受信赖的医生们，对法庭的贡献却令人相当不满意。他举例说，在臭名昭著的"伯克和哈尔案"（发生在芬宁案之前几个月）中，有多达30人被杀害，他们的尸体被卖给医学院用于解剖，如果这些尸体的买家——解剖学的教师们能够从尸体识别遇害者，类似的惨案就可能不会发生了。

对史密斯来说，芬宁案就像是一个厚礼。在一次讲座中，他向听众展示了两个盒子：在一个盒子里，有一把暴露在砷中10小时的刀；在另一个盒子里，有一把在腌核桃旁边放了一些时辰的刀。前一把刀没有变黑，后一把刀变黑了。两年后，英国药剂师学会宣布，任何欲获得法医执业证者都必修为期三个月的砷中毒课程。英国皇家内科大学和皇家外科大学随即跟风。

芬宁案促进了法医毒理学研究的发展。到今天，砷中毒已经成为法医毒理学中的一个重要分支。那么，砷是怎么一回事？砷中毒又是怎么一回事？导致砷中毒的原因有哪些？怎样检测和治疗砷中毒？

长期以来，砷除了被用作毒药，也被用作药物。在传统医疗中，砷的使用时间已超过2 400年。在青霉素发明之前的西方世界，砷的化合物例如撒尔佛散是广泛用于治疗梅毒的特效药（它最终被磺胺制剂和其他抗生素取代）。在许多所谓的补药里，砷也是成分之一。

在英国伊丽莎白时期，一些妇女使用醋、白垩（粉笔）和砷的混合物来美白皮肤。其中，砷的使用目的是阻止衰老和除皱。但一些砷不可避免地被吸收进入血流中。此外，在当时人们使用的颜料中，最受欢迎的蓝宝石绿是以砷为基础的化合物。对某些颜料的过度使用，常常导致早期的艺术家和工匠偶然中毒。

在中世纪和文艺复兴时期，砷成为一种流行的谋杀方法，在当时的意大利统治阶层使用最为频繁。由于砷中毒的症状与霍乱相似，而当时霍乱频发，砷中毒常被忽略。到19世纪，砷尤其是砒霜有了一个绰号——"遗产粉"，这或许是因为等得不耐烦的继承人常使用砒霜来确保或加速自己得到遗产。在古代朝鲜，砷和硫的化合物一直是"赐药"的一种主要成分，而赐药被用来对职位高的政治人物或王室成员执行死刑。由于这些死者的社会地位和政治地位都很高，在王朝编年史中对这类赐死事件有准确的记载。这类事件通常极富戏剧性，在现在的一些韩国电视剧中也时有描述。

在今天，砷中毒已不再限于砒霜杀人或药物中毒，而是泛指由人体内砷的高含量带来的医学问题。如今砷中毒的主要形式是由天然包含高浓度砷的地下水所导致的中毒。2007年的一项研究发现，全球超过70个国家的总共超过1.37亿人可能因为饮水而受到砷中毒的影响。

下面是现代毒理学对砷中毒现象的描述。

砷中毒症状 砷中毒的最初症状是头痛、意识不清、严重腹泻和眩晕。随着中毒加深，可能会发生痉挛和指甲颜色改变。急性中毒的症状可能包括腹泻、呕吐、血尿、痉挛、脱发、胃痛等。常被砷中毒累及的人体器官是肺、皮肤、肾和肝脏。砷中毒的最终结果是昏迷和死亡。砷中毒与心脏病、癌症、中风、慢性下呼吸道疾病和糖尿病都有关。慢性砷中毒与维生素A缺乏有关，而维生素A缺乏与心脏病和夜盲症有关。饮用水中的非有机亚砷酸盐的急性毒性比有机的砷酸盐大得多。

砷中毒原因 许多地下蓄水层中都包含有高浓度的砷酸盐，长时间饮用，有可能导致慢性砷中毒。世界卫生组织认为，长期饮用质量浓度达到0.01克/升的水导致皮肤癌的风险为万分之六。在孟加拉国，由于复杂的地质原因，许多地区的砷含量近年来急剧增加。2000年5月，孟加拉国农业发展部部长拉赫曼称："全国大约7 000万人正受到砷污染的严重威胁……7 000人已被证实砷中毒，2 000万人正在饮用受砷污染的井水。"当年8月，联合国儿童基金会官员表示，砷中毒让2500万孟加拉人面临死亡或致残危险。

由于具有强毒性，砷在发达国家已经很少使用。但在一些发展中国家，砷依然是一种受欢迎的杀虫剂。此外，冶炼锌的工人和开采铜矿的工人所面临的砷中毒风险较大。近年来受到公众关注的一个问题是：大米尤其容易遭到来自土壤的砷的污染。

砷中毒诊断 通过测量血液、尿液、头发和指甲的砷含量，可以诊断是

"伯克和哈尔案"中的凶手之一伯克被执行绞刑，引发大量公众围观。此案被认为也推动了现代法医学的发展

否发生了砷中毒，有助于砷中毒死亡案例的法医调查以及环境或职业性砷污染事件调查。其中，尿液测试对于检测过去几天里的砷中毒最为可靠（对于急性砷中毒，要想获得准确的结果，需要在24～48小时内进行检测），头发和指甲测试能够反映过去6～12个月中高剂量的砷暴露。头发能储存来自血液里的微量元素，因而有可能成为砷暴露的一个生物指针。由于进入头发的元素在头发

马什试验

马什试验是检测砒霜的一种高灵敏度技术，在研究把砒霜作为毒杀手段的法医毒理学领域尤其有用。它由英国化学家詹姆斯·马什于1836年首次发布。

在砒霜投毒检测方面的首个突破出现在1755年，当时德国人卡尔·威赫姆·斯齐勒发现了一种能把砒霜转化为有蒜臭味的砷化氢气体的方法：用硝酸处理砒霜，并与锌化合。

法医毒理学家进行马什试验

1787年，德国人约翰尼·梅茨杰发现，如果在焦炭中加热砒霜，会生成亮黑色粉末（砷镜）。这是碳还原砒霜的结果。

1806年，德国人瓦伦丁·罗斯提取了一名疑似被砒霜夺命者的胃，用碳酸钾、氧化钙和硝酸处理它。如果有砷存在，其形式一定是砒霜，这样就能进行梅茨杰试验。

最常见的、至今仍在使用的砒霜试验是由德国人萨缪尔·哈亨曼发现的，即在存在盐酸的情况下让样本液体与硫化氢化合，如果有砷，就会出现黄色沉淀物——三硫化二砷。

然而，这些试验被证明灵敏度不够。1832年，英国人约翰·博多因涉嫌在祖父的咖啡里投放砒霜而受审。皇家化学家詹姆斯·马什被法庭征召以测试此案中砒霜的存在。马什进行了标准试验，即让硫化氢通过可疑液体。尽管马什检测到了砒霜，但黄色沉淀物未保存好，在被呈交给陪审团时已经分解了，陪审团不予采信，博多被无罪释放。

马什对此大失所望，尤其是在博多后来承认自己的确杀死了祖父之后，马什决定设计更好的试验来证明砒霜的存在。他最终构建了一个简单的玻璃装置，它不仅能检测出微量的砒霜，而且能确定砒霜的量。具体来说就是，把人体组织或体液样本加入到有锌和酸的玻璃容器中，如果有砷存在，就会产生砷化氢气体，此外还有锌和酸反应生成的氢。点燃这种气体混合物会氧化任何存在的砷化三氢，把它转变成砒霜和水蒸气，而这会导致一只置于火焰中的冷瓷碗上出现银黑色的砒霜污渍，其性质与梅茨杰反应相仿。接着，把这种污渍的密度与已知数量的砒霜产生的膜片比较，就能检测到数量低至0.02毫克的微量砒霜。这种试验对砒霜有很强的特异性。尽管锑也能在这种试验中形成类似的黑色沉积物，但它不溶于次氯酸钠溶液，而砒霜却会。

不过，直到1840年，马什的试验方法才首次得到有公开记载的使用（也是法医毒理学证据首次被引入）。当时，在法国中部蒂勒地区，铸造厂老板查尔斯·拉法基疑被其妻玛丽用砒霜杀死。间接证据很多：她以除掉猖獗的老鼠为名，从当地一个商人那里购买了砒霜；她家的佣人发誓说，看见她把一种白色粉末放进了其丈夫的饮料中……但是，用旧方法和马什试验对食物及拉法基的尸体进行的测试都未检测到砒霜。后来，知名毒理学家马修·奥非拉重新进行了马什试验，结果在拉法基体内检出了砒霜，而之前马什试验的结果是试验人员操作不当所致。玛丽被判终身监禁。

此案引起了很大的争议，它把法国人分成了信服判决和反对判决的两大派别。然而，马什试验还是大大震慑了砒霜投毒者，这类案件数量从此剧减。

生长期间会保持自己的位置，因此化验一根头发的组成就能对砷暴露水平进行临时性评估。通过基于X射线荧光光谱学的同步加速器辐射和微粒子诱导X射线发射等较新的技术，这类生物监测就能够实现。

砷中毒治疗　化学方法能治疗砷中毒，但其重要的副作用是高血压。补充钾能降低由砒霜导致的致命心脏病风险。另外，有研究认为，大蒜中的含硫物质能清除组织和血液中的砷，因此科学家建议，生活在饮用水中砷含量高的地区的人们每天应该吃1～3瓣大蒜以预防砷中毒。

法医毒理学

法医毒理学对震慑投毒和毒品犯罪正起着越来越重要的作用。

毒杀手段和毒品演变至今，已变得越发多样和狡猾。但魔高一尺道高一丈，今天的法医毒理学对震慑投毒和毒品犯罪正起着越来越重要的作用。以下是两个法医毒理学奇案。

从1994年6月直到1年后死亡，美国俄克拉荷马州小城佩里的妇女卡罗尔·赫

拿破仑并非死于砷中毒

拿破仑的死因是历史学家长期争论不休的话题。他于1821年在大西洋南部的圣赫勒拿岛上去世，这里是他在生命最后几年里待的地方。关于他的死因，有人说他死于胃癌，更多的人则推测是砷中毒要了他的命。在2008年进行的一项研究中，科学家对比了拿破仑还是科西嘉岛上一名男孩时期的头发样本、他在厄尔巴岛上流亡期间的头发样本、1821年5月5日他在圣赫勒拿岛上死亡当天和次日的头发样本，1812年、1816年、1821年和1826年提取的他的儿子的头发样本，1814年在他的皇后约瑟芬死亡时提取的她的头发样本以及10名同时代活人的头发样本（这些样本均由意大利和法国的博物馆提供）。科学家把这些样本装进微型容器，放入一座小型核反应堆内部。这项被称为"中子活化"的检测技术有两个优点：它不会破坏样本，还能对很小的样本（例如人类头发样本）提供相当准确的结果。科学家在上述所有头发样本中都发现了微量砷，这让他们大吃一惊。

首先，那些大约200年前的头发样本中的砷含量都比今天人们的这一平均含量高100倍。事实上，拿破仑头发中的平均砷含量高达大约百万分之十，而今天人们的这一含量仅为千万分之一左右。换句话说，19世纪初的人们明显生活在今天看来砷含量高得吓人的环境中。另一个惊人发现是，拿破仑还是孩童时的头发中砷含量与他在圣赫勒拿岛上最后日子里的这一含量并无显著差异。科学家由此判断，拿破仑并非死于砷中毒，只不过他长期都在摄入砷。至于拿破仑的确切死因，科学家现在倾向于认为是消化性溃疡和胃癌。

10000

拉（死时53岁）因相同症状——脱水、意识不清、肾功能障碍以及慢性代谢性酸毒症（血液酸性的异常下降），到不同的医院和诊所就诊31次，住院超过12次，有23位医生为她进行过诊治。但是，所有医生都无法对她做出确切的诊断，他们只能根据她是一位具有双重极端性格障碍的狂躁－抑郁症患者，推测她服用的药物（其中包括锂）的副作用是导致她死亡的原因。

对赫拉之死的调查长达两年半之久。最终，法医毒理学家通过解剖尸体，发现赫拉的双肾和大脑里的草酸钙晶体数量很多，而这只可能是遗传性疾病或乙二醇中毒的结果。法医毒理学家最终确定：赫拉死于慢性乙二醇中毒。乙二醇常被称为抗冻剂，本身无毒，但被人体分解后的代谢产物却能致人死亡。乙二醇中毒通常是事故或自杀所致。调查人员在走访赫拉的亲朋好友后，排除了她自杀的可能性。他们在调查中发现，赫拉是在1994年6月嫁给丹尼斯·赫拉之后才开始出现中毒症状的，而且在婚后一年里，只要丹尼斯外出做生意，她的身体就好转，一当他返家，她的身体很快就变差。调查人员对丹尼斯·赫拉进行了质询。几周后，他被控谋杀妻子。还没等到此案开审，他就承认了自己毒杀妻子的罪行。根据他的供述，他把少量抗冻剂放进妻子的饮料和汤里，目的是让她慢慢走向死亡，他毒杀妻子的目的是为了得到她的财产。

再来看一桩20世纪初发生在美国密歇根州的离奇案例。在婚礼举行前的一个早晨，一名年轻男子和他的未婚妻被

发现死于后者家中的一张沙发上。两人的尸体僵直，脸通红，男子口中轻微出血。化学分析师怀疑两人死于氰化钾中毒。

调查人员在该男子口中发现了一块口香糖，稍后又在他家中找到了剩下的口香糖。对这块口香糖和两名死者胃内物的化学检测，发现了致命剂量的氰化钾。法庭最终认为，该男子原本只想杀死未婚妻，却低估了氰化钾的致命性，他在吻未婚妻以传递毒药的过程中误吞了一些氰化钾，结果让自己也丢了性命。

现代的法医毒理学家运用毒物学（毒理学）及其他学科（分析化学、药物学和临床化学等）来帮助对死亡、中毒、吸毒进行医学或法学调查。法医毒理学可以对不同类型的样本进行毒理学分析，确定存在什么毒物、毒物浓度如何以及毒物可能对人造成什么后果。下面以胃内物样本分析为例加以说明。

胃内物可能提供死者最后一餐的定性信息，有助于确定死者在死前的行踪和行为。在一个案例中，一名年轻妇女被刺杀身亡，目击者报告说她在一家快餐店中吃了最后一餐。但解剖发现，她的胃内物与这家饭店的食谱并不匹配。调查人员最终确定，她在其他地方吃了最后一顿饭。一名男子被捕——他和受害人在一起吃了她的最后一餐。

通过对胃内物的消化状态的分析，可以大致估计死亡的时间。食物通常要花几小时才会从胃到达小肠；因此大部分还停留在胃里的饭菜，则暗示受害者吃饭后不久即死亡，而排空或接近排空

的胃，则暗示受害者吃最后一餐的时间距离死亡时间比较长。不过，有许多干扰因素需要考虑：食物被咀嚼的程度，食物中的脂肪和蛋白质的数量，受害人死前的生理活动，受害人死前的心情，人与人之间的生理差异，等等。所有这些因素都会影响食物通过消化道的速度，因此病理学家通常都不愿意仅仅依据胃内物来决定死亡的确切时间。

法医毒理学常用样本

尿液　指来自于膀胱、由活人提供或在人死后提取的尿液。尿液用于定性分析，尿液中存在的药物或毒物不能表明伤害，只能表明先前的感染。

血液　血样能提供对血样采集时影响人体的物质的简要描述。正因此，在醉驾案例中要当场测试血液中的酒精浓度。

毛发　毛发能记录从中期到长期或大剂量药物滥用的情况。血液中的化学物质可能被传输给毛发并储存在发囊中，从而提供药物（毒物）摄入事件的时间线。头发每月生长1~1.5厘米，因此发囊不同部分的横截面能提供对药物摄入时间的估计。不过，检测整个人群毛发中的药物量并不标准化。毛发越黑越粗糙，吸收的药量也越多。如果两个人摄入了同样多的药物，那么同一时间测试时，毛发较黑、较粗糙者被检出的毛发中的药量就会高于发色较浅者。这可能引起毛发测试中的种族偏见。

其他　其他体液和器官或许也能提供样本。一种常见的解剖样本是死者的胃内物（它可被用于探查死者在死前摄入的药丸或液体），其他样本是大脑、肝脏和脾等。对于高度腐烂的尸体来说，或许能采集眼球玻璃体作为样本——眼球的纤维层和眼窝能保护眼球玻璃体免遭创伤和掺假。细菌、蛆虫及其他生物体在吃掉死者的一部分组织后，也可能摄入了受害人体内的任何毒物，因而它们也可以作为样本。

（吴青）

蛛丝马迹
——法医微量迹证学趣谈

　　说到犯罪调查，常常会用到一个词——蛛丝马迹。在法医学中，蛛丝马迹有一个正规的名称，叫"微量迹证"，指不同物体互相接触所形成的证据。微量迹证在犯罪调查中有着重要意义。

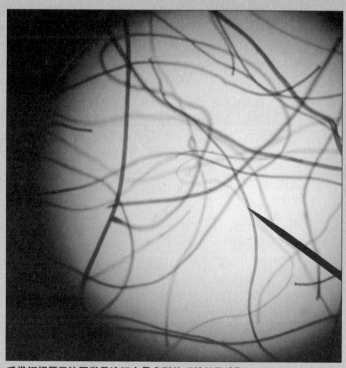

毛发证据属于法医微量迹证中最典型的"蛛丝马迹"

1936年，美国纽约一名上流社会妇人被人用睡衣勒死在自家浴室里。尽管所有迹象都表明被害人与凶手认识，但在现场除了用于捆绑被害人的麻绳外，警方并没有发现其他什么重要线索。一位化学家被请来检查犯罪现场。

化学家在被害人的卧室里发现了一根长度约为1厘米的白色硬毛，透过显微镜辨认，这是一根马鬃。而在案发当天早晨，有两名家具搬运工把一张马鬃沙发送至被害人家中，也正是他们向警方报案说发现了尸体。根据此线索，警方发现其中一名搬运工在早些时候曾给被害人打过电话，此人被定为犯罪嫌疑人。后来，警方追踪麻绳的生产厂家和分销商，发现送沙发的那间家具店购买过这种麻绳。警方运用这一证据向犯罪嫌疑人施压，后者很快就认了罪。这是法医微量迹证（也称微量证据）破案的著名早期案例之一。

在身体上与一桩犯罪有关的任何人，无论他怎样清理犯罪现场，都会在现场留下自己的微量迹证，而且还常

常从现场带走微量迹证——这就是犯罪学上的"接触原则"，由美国著名法医迹证学家埃德蒙·罗卡德博士于1910年提出，当时他刚建立了自己的法医实验室。两年后，罗卡德博士通过检验遗留在被害人指甲下面的东西破解了一桩案子，由此证明看似无关紧要的微量迹证，实际上可能对案件侦破起关键作用。接触原则成为推动法医学发展的主要动因。虽然微量迹证自身常常不足以定案，但它可能帮助确认其他证据，甚至促使犯罪嫌疑人坦白。

微量迹证有很多种类，可以是从漆屑到碎玻璃再到植物残骸的许多东西，微量迹证的检测方法也因此多种多样。不过，大多数犯罪调查人员最看重的微量迹证是纤维和毛发，因为它们比花粉或灰尘更容易分辨。下面先来看一个涉及纤维迹证的有争议案例。

纤维证据

1979—1981年，在美国佐治亚州首府亚特兰大市有多人相继被杀。被害人主要是超过25岁的黑人男子，但也有女性和小男孩。他们都是被勒死、被棍棒打死或窒息而死的。然而，所有的线索最终都成为死结，唯一有价值且只有在确定犯罪嫌疑人后才有价值的线索，是在多位被害人的尸体及其衣服上发现的一些纤维束，包括狗毛。

这些纤维束样本被送到

这是纳撒尼尔·卡特的尸体被移走的场景

犯罪实验室，研究人员从中分离出两类明显有别的纤维：紫色的醋酸盐纤维和黄绿色的粗尼龙纤维，后者的三叶特质显示其与地毯材料有关。不过，这些纤维的生产厂家没有被追踪到。发现纤维的消息被媒体披露后，警方发现，之后发生的这类凶案的被害人尸体被剥光衣服投入河中。警方推测，凶手一定是注意到了媒体的报道，这样做的目的是让河水冲刷掉微量迹证。

凶手看来青睐当地的一条河流，警方就在河边建立了监视区。1981年5月22日凌晨，负责监视的警员听到了很大的一声溅水声——有人把相当大的东西扔进了河中。警员很快在附近一座公路桥上发现了一辆白色雪佛兰旅行车，车主是23岁的黑人摄影师兼音乐推广人韦恩·威廉姆斯。在接受警方讯问时，威廉姆斯说他刚把一些垃圾扔进了河里。警方将他放走。

两天后，警方在距离那座公路桥不远的河道中发现了27岁男子纳撒尼尔·卡特的尸体。尽管凶手很仔细，但还是在卡特的头发上留下了一根黄绿色的地毯纤维。法医鉴定说，他已经死了至少两天。

警方随即搜查了威廉姆斯的家和汽车，结果发现了有价值的线索：他家的黄绿色地毯以及他家的狗。样本比对结果显示，威廉姆斯家的地毯纤维同留在被害人身上的黄绿色纤维是一致的。尽管威廉姆斯不认罪，但他对事发当日自己行踪的描述或者有假，或者无法被证实。三次测谎实验（这种实验存在一定争议性）也显示威廉姆斯在撒谎。

美国联邦调查局专家采用特殊设备对威廉姆斯家的地毯样本进行分析，同时咨询杜邦化学公司的专家，确认这种纤维名为"威尔曼181B"，由波士顿一家纺织品公司生产并卖给多家地毯公司。最终，地毯的可能来源锁定在佐治亚州的西点佩珀勒尔公司，该公司的拉夏尔英格兰橄榄色染料与威廉姆斯家地毯的颜色一致。此外，在多名被害人身上发现的狗毛也与威廉姆斯家的狗毛有多处相似。

然而，这种地毯并非威廉姆斯家独有。怎样才能让陪审团相信被害人身上的黄绿色纤维正是来自威廉姆斯家的地毯，而非其他人家？控方运用了概率统计方法。西点佩珀勒尔公司生产的这种拉夏尔英格兰橄榄色地毯，当年仅销往美国南部的就超过14 630米，但相比于美国全国地毯总销量，这是一个很小的数字。调查人员计算出，在佐治亚州，大约只有82个家庭使用这种地毯；而在亚特兰大市，一个家庭出现这种地毯的概率只有1/7 792。换句话说，被害人身上的黄绿色纤维不是来自于威廉姆斯家的地毯的可能性只有1/7 792。

为了增加说服力，控方还对另一桩案例运用了统计概率方法。一个月前遇害的吉米·雷·佩恩，其尸体的发现地与前案大致相同。佩恩的短裤上有一根人造纤维，经检验与威廉姆斯的雪佛兰旅行车中所铺的地毯纤维一致。在雪佛兰公司的帮助下，调查人员作出结论：佩恩通过随机接触放置这种地毯的汽车而得到这种纤维的概率是1/3 828。换句话说，佩恩不是因为与威廉姆斯的雪佛兰旅行车中的地毯接触而得到这种纤维的概率只有1/3 828。

把这两个概率相乘，得到的结论是：这两名被害男子身上的这些纤维不是来自于威廉姆斯家和他的雪佛兰旅行车的概率只有1/30 000 000——这的确是个让人讶异的数字！此外，控方还提交了发现于其他10名被害人尸体上的纤维证据，这些纤维全都与威廉姆斯家中或车里的地毯纤维匹配。

陪审团经过短短12小时听证后就作出了判决：两次终身监禁。这项判决引起了广泛争议（请参见相关链接：《关于威廉姆斯一案的争议》）。

纤维检测

在涉及人与人接触的案例中，常常会发生纤维交叉转移的情形。能否在犯罪现场发现可追溯到罪犯的纤维以及能否在罪犯身上追溯到犯罪现场的纤维，

微量迹证的采集与分析

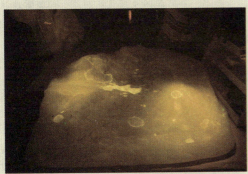

替代光源定位床具上的污渍，寻找微量迹证

枪筒上的回溅痕迹是微量迹证之一

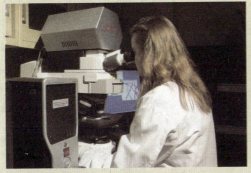

运用显微分光光度计，从纤维、油漆及其他种类的微量迹证中采集色彩信息

运用微晶玻璃测试方法辨认血迹。血迹也属于微量迹证范畴

是成功侦破此类凶案的重要因素，而这又常常取决于如何缩小所发现纤维证据的来源范围，正如威廉姆斯一案中控方对纤维所作的概率分析。

纤维证据的问题在于，与指纹或DNA不同，纤维并非独一无二，因此纤维证据不能以任何决定性的方式来确定罪犯，必须同其他相关证据一起举证。下面是一个实例。

1982年，克里斯滕·李·哈里森被人从俄亥俄州一座球场绑架，六天后她的尸体被发现。她遭到强奸，然后被勒杀。警方在她的头发上发现了一种橘色纤维，这种纤维与该县八个月前被害的一名22岁女性的尸体上发现的纤维很相似。法证学家根据这种纤维由聚酯制成，又是独特的三叶形，推测是地毯纤维。此外，在克里斯滕尸体附近发现的一只箱子以及用来缠她双脚的塑料膜，都暗示凶手可能拥有某种厢式货车。

不久，一名28岁女子向当地警方告发：她被一名男子绑架并监禁在其家中，她寻机逃了出来。警方检测后证实，该男子有一辆货车，货车中的橘色地毯纤维与在克里斯滕头发上发现的纤维一致。法证学家追踪到这种地毯的生产商，证明只有68米这种地毯销往俄亥俄州这个区域。这帮助缩小了侦破范围，后来找到的更确凿的证据将嫌疑人最终定罪。

那么，纤维分析是怎样进行的呢？调查人员在犯罪现场，使用镊子、胶布或真空设备采集纤维。纤维通常来自于衣物、窗帘、假发、地毯、家具及毛毯。值得一提的是，提供给分析师的纤

关于威廉姆斯一案的争议

对于威廉姆斯一案的判决，一位著名的美国法律专家指出，此案的纤维证据存在多个明显错误。以下是这位专家指出的控方在概率分析中所犯的主要错误。

他们忽略了一个事实：同样的地毯在威廉姆斯家的多个房间里都铺有，只有一两个房间里没有。

他们忽略了另一个事实：威廉姆斯在所列最后一桩谋杀案之后换房居住，实际上所谓"他的房间"是由他的一个亲戚居住的。

他们忽略了又一个事实：相同的纤维被染成同样的颜色，并用于住宅地毯中，但这些地毯和威廉姆斯家中的地毯型号并不相同，仅凭纤维本身又能肯定什么？

他们没有考虑一种可能性：分析范围被缩小至一个实际上并不存在的统计区——美国东南部，有可能凶手居住在别处，但经常前往案发地区。

他们忽视了一个事实：只考虑了用于住宅地毯的纤维，但同样的纤维可能出现在其他公寓及商用楼里。

他们无视了一个事实：大量完全相同的纤维在没被染色的情况下卖给了其他制造商，用于生产车垫等产品。

至于那辆雪弗兰旅行车的概率问题，该专家指出，控方使用由亚特兰大方面提供的数字来说明这种车在当地是多么的少见，但威廉姆斯的车并不是在亚特兰大上的牌照。

另外，威廉姆斯家中经常住有四个人，因此犯罪嫌疑人应该是四个而不是一个。控方总结说，就算这些纤维并不鲜见，但它们都在威廉姆斯所在环境中出现并非偶然。该专家则说，这同样意味着嫌疑人应该是四个而非一个，而更重要的一点是：在自助洗衣店里，或许成千上万种纤维被混合，甚至缠结在过滤器中，而另一名被害人正是在自助洗衣店的里屋被杀的。那么，谁能肯定他身上的纤维不是来自于自助洗衣店，而是来自于威廉姆斯家？

如此看来，概率统计的方法并非万无一失。

维样品通常都数量有限，有时甚至只有一根纤维。

分析师在检测纤维时，首先要确定纤维是天然的、人造的还是两者混合的。天然纤维来自于植物（棉）或动物（毛）；人造纤维是合成纤维，其中包括人造丝、醋酸盐纤维和聚酯等，它们都由被叫作聚合物的长链分子制成。

之后便是确定纤维的形状和颜色，这要借助于各种显微镜。复式显微镜运用的是反射自纤维表面的光线，并通过一系列透镜放大；比较显微镜（由一个光学桥连接的一对复式显微镜）用于更精确的辨识；相差显微镜揭示纤维的部分结构。多种多样的电子显微镜要么让电子束透过样本以提供高倍放大图像，要么从样本表面反射电子，扫描电子显微镜则把发射出的电子转化为图像，它能提供更高像素和深度的聚焦。

接下来是运用显微镜等仪器，将采集自犯罪现场的纤维与来自犯罪嫌疑人源头（如家里或车中）的纤维进行比较分析。除了上述显微镜，一种有用的装置是分光仪（又称光谱仪）。其原理是每一种被测物质的光谱都有对应于其组分的独特性，通过分析光线经过某个物体所产生的光谱，就能分析出该物体所特有的组分。另外还有分光光度计，其原理是通过测定被测物质在特定波长或一定波长范围内光的吸收度，对该物质进行定性和定量分析。微量迹证调查最有效的分析仪器是微量分光光度计，它能定位很细微的微量迹证。带电脑的分光光度计则能进一步提升辨识准确度。

纤维分析的第一步是比较纤维的颜色和直径。如果达成一致，就进入下一阶段——纤维染色分析，运用的是色层分析法，即用溶剂分离染料的化学组分。接下来，分析师在显微镜下观察纤维表面的条纹、纹孔和形状，比如威廉姆斯一案中的三叶纤维的一条短臂和两条长臂。简言之，纤维分析就是比较形状、染料组分、大小、化学组成和微观表象。不过，这一切仍然只是有关"类别证据"。就算来自两个不同地方的纤维经过比对后确认完全匹配，也并不意味着它们一定同源。

威廉姆斯一案的判决主要基于纤维证据，因此引起广泛争议。多名上诉法官指出，只依赖像纤维这样的证据实在太弱：没有目击证人、凶器、动机、认罪，甚至不能把被害人在死前与威廉姆斯清晰地联系起来，这样的统计学证据又能说明什么？最糟糕的是，其中一些死者事实上并不能肯定是被谋杀的。至少从这种种漏洞来看，纤维证据不能作为确凿的证据。

同样，毛发在充当证据时也面临类似问题。

毛发证据

1990年，美国科罗拉多州，特鲁莱德，爱娃·苏恩因头部中枪死亡，爱娃的丈夫山姆被列入犯罪嫌疑人。警方最初对侦破此案信心十足，因为取自爱娃头骨的子弹具有一种特定的手枪子弹的明显特征，但最终还是因为缺乏有价值的线索，此案成为一桩悬案。

三年后，亚利桑那州一名男子向特

鲁莱德警方报案说，他的兄弟弗兰克·马奎斯是爱娃一案的元凶。警方在马奎斯的家中找到了作案手枪。然而，马奎斯完美地掩盖了自己的犯罪踪迹——他对这支枪的枪管进行了改造，使其发射的子弹痕迹与爱娃头骨中的子弹痕迹不相匹配。

警方对马奎斯在案发时的行踪进行调查，发现他在案发的那个周末确实在特鲁莱德参加了节庆活动。警方还找到了他的强奸案记录。马奎斯的同伴也作证说，马奎斯在驾车返程途中把两包东西甩出了车窗。警方怀疑，马奎斯扔掉

的是他在犯案时所穿的衣服，于是对马奎斯的返程路线展开调查。幸运的是，一个建筑施工队不久前在一堆泥土中发现了一包衣服，其中的一件衬衫上有一缕头发，经法证实验室检验，证实其为爱娃的头发。马奎斯最终坦白了罪行，并以过失杀人罪被判24年刑期。在此案中，一缕发丝就让案情真相大白。

与纤维一样，毛发样本在法证调查中也被列入"类别特征"，虽然可以用来排除犯罪嫌疑人，但只能被认作支持性（辅助性）证据。

在凶杀案中，探案人员通常要在被

透过显微镜看到的毛发细节

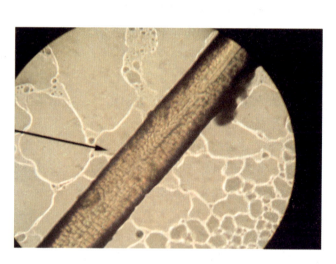

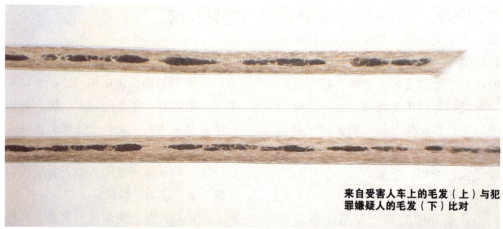

来自受害人车上的毛发（上）与犯罪嫌疑人的毛发（下）比对

害人尸体的多个部分尤其是头部采集毛发，这是因为人体不同部位的毛发具有不同的特征，能用于样本分析的毛发越多越好。通常，毛发样本包含24～50根毛发，而能用于DNA分析的样本则少得多。

毛发分析能确定毛发样本是人发还是动物毛发，如果是人发又属于哪个人种。此外，毛发分析还能确定毛发样本是否经过染色，是被剪下来的还是被扯下来的，位于人体的哪个部位。在一些案例中，毛发甚至还成为中毒证据。拥有发囊的发干还能提供诸如血型或DNA这样的基因信息，这类证据拥有很强的说服力。

法证专家总结说，毛发证据的用处主要体现在下面几方面：帮助确定犯罪现场的范围；把犯罪嫌疑人置于一个现场中；把犯罪嫌疑人和凶器联系起来；支持证人的证词；把多个犯罪现场区域（如绑架、驾车经过以及抛尸地点）连接起来。

毛发分析是怎样进行的呢？主要聚焦于毛发的颜色和结构，而这要借助于显微镜。如果毛发是被扯下的，它就应该包括发囊，这有助于确定毛发长度。发干在微量迹证分析中有三个相关层：角质、皮质和髓质。角质有重叠的外鳞，有助于鉴定毛发种类。角质以内是皮质，由包含色素的纺锤形细胞构成，这些色素的分布方式有助于确定毛发来自于哪个个体。发干的中心是髓质，它在种类辨别方面很有价值：动物的髓质指数（髓质直径与发干直径的比例）比人类的大；不同人种的髓质特征不同：

黑人的头发是卷曲的，色素密集，高加索人的头发通常较直或呈波浪状，色素粒较为细小；即使是同一个人，其单根毛发之间的髓质特征也可能不同。

20世纪50年代，一种叫作"中子活化分析"的技术成为一种良好的法医工具。诸如毛发之类的样本在核反应堆中被中子轰击，中子与微量元素的组分碰撞，使微量元素发出特定能量水平的伽马射线。用这种方法，不管样本多小，样本的每一个组分都能被检测出来，例如从一根毛发中就能辨识14种元素。

运用中子活化分析破解的第一个案例出现在1958年。当时，16岁的加拿大女孩甘藤·布夏尔被杀身亡，有人证实她的前男友约翰·沃尔曼在她被害前和她在一起。经测定，来自犯罪所在地的油漆屑与沃尔曼的车的油漆匹配。另外，在沃尔曼的车里发现了唇膏，与布夏尔生前使用的相同。不过，最终让陪审团信服的还是布夏尔手中紧握的几缕头发，经检测，它们与布夏尔的头发相差较大，而与沃尔曼的头发相匹配。这一关键性证据足以指证沃尔曼就是杀害布夏尔的凶手。

其他的微量迹证

法证调查人员会在犯罪现场寻找一切物证，无论它们是多么的微不足道。除了毛发、纤维及其他身体分泌物之外，任何被辨识为并非自然属于一个犯罪现场的物体或物质都可能成为证据，由此与犯罪嫌疑人联系起来。在一些国家的法证实验室中建有可供比对的数据库，能进行许多种类的微量迹证分析。下面是用于微量迹证分析的最常见物质。

玻璃 20世纪80年代，产品篡改在美国成为轰动一时的新闻。所谓产品篡改，是指一些不良消费者把玻璃碎片放进婴儿食品罐里，以此非法索赔。对这些玻璃碎片进行的分析发现，每一个类型的污染物都有不同的来源，由此判断这股犯罪风潮不太可能是单独一人所为。玻璃具有一些不同寻常的特质。如果罪犯打碎玻璃，一些碎片就会附着在其衣服上，而且很不容易全部清洗掉。玻璃识别涉及一种复杂的显微检测方法——折射指数检测（是根据光线射入物体表面的角度进行计算的）。检测玻璃碎片的方法还有质谱分析和中子活化分析等，玻璃碎裂的模式也能提供有关罪案过程的重要线索。

尘埃 从犯罪嫌疑人衣物上采集到的微粒，有时也能揭示其在案发前后的行踪，甚至揭示尸体的去向。后者有助于确定尸体是否被移动过。足迹、昆虫及其他在显微镜下能看到的微生物，同样也能提供线索。尘埃微粒有可能揭示其来源，比如是来自于混凝土板、砖头、水泥，还是一个特定的房间。它们或许还能提供有关一个人生活或工作地的线索。在美国一桩破解于1960年的8岁男孩遇害案中，在死者的衣服上发现了建筑用粉红灰泥的微量迹证，这成为破案的重要线索之一。当时，调查人员由此定位了一个有粉红灰泥的房间，加上进一步的确凿证据，最终将罪犯绳之以法。

孢粉 对孢粉型（孢粉数据）的研究被称为孢粉学。在与犯罪有关的材料中有时能找到孢粉。由于孢粉在特定地区具有可预测的生产和传播速度，所以它们有助于把犯罪嫌疑人与犯罪现场联系起来。这个领域的最早期案例出现在20世纪60年代。1969年在瑞典进行的一桩谋杀案调查，运用发现于女性死者尸体上的尘埃中的花粉，证明了她的遇害地点并不是发现其尸体的地点。在奥地利的一个案例中，凶手靴子上的泥巴把他与犯罪现场联系了起来，他最终认罪。一名侦探甚至在凶手所用的枪支的润滑油中发现了花粉。另一名侦探在书写文献的墨水中发现了花粉，由此证明了这份文献系伪造。

油漆 分析玻璃碎片的技术也可用于油漆屑分析。在美国，汽车油漆屑可与国家汽车油漆资料库中的超过40万份样本比对，底漆有助于缩小可能的生产商范围，油漆屑的形状可与油漆屑脱落的地方作比较。油漆屑的化学组分则可运用气相色谱方法进行分析，这能创制每一层的可辨识特征，建立对比点。在一桩案例中，警方在一个强奸犯的藏车地点发现了微量黄色油漆，这种油漆被追踪到一个特定车型，由此从数据库中确定了一个犯罪嫌疑人，他车上的掉漆痕迹的高度与微量迹证完全匹配。加上不断累积的确凿证据，他最终认罪服法。

种子 1960年，美国男子格雷姆·索恩被杀身亡。来自一种罕见柏树的种子暗示，尸体被从遇害地点搬动过。警方在一个私人花园中的一棵同类柏树上发现了一些灰泥，与被害人尸体身上发现的灰泥相同，由此确定了侦破方向。加上进一步的证据，嫌疑人最终被定罪。与花粉分析一样，了解对应于特定区域的植物生态特点就可能为罪案调查提供重要信息。

总而言之，进行微量迹证分析的基本原则是：在犯罪现场或被害人尸体上收集明显的异物，用最佳办法测量最明显的可辨识特征，把这些信息与嫌疑人涉及的类似物质对照，就可能成为支持其他类型证据的证据。

调查人员在犯罪现场采集微量迹证

微量迹证在事故调查中也很重要。图为有缺损梯子的打滑痕迹。梯子常会在地面上留下移动痕迹，从而证明梯子移动方式如何导致事故发生。对于确定车祸发生过程来说，轮胎打滑痕迹常常起着关键作用，例如估计事故前后的车速以及制动和撞击力量

（刘安立）

科技"神探"追凶记

在举行婚礼的五天前，安妮·李从耶鲁大学的实验室里失踪了。康涅狄格州警方展开了大规模的搜索行动。通过检测牙刷上残留的DNA物质，分析监控录像和先进电子门禁系统数据，并在训练有素的警犬的帮助下，警方在惨案发生后短短一周，就锁定了杀害安妮·李的犯罪嫌疑人。

2009年9月8日早上，美国康涅狄格州纽黑文市耶鲁大学24岁的博士生安妮·李与往常一样开始了她一天的工作。安妮一直是她越南籍父母的骄傲，上高中时同学们就说她将成为下一个爱因斯坦。安妮志向远大，学习刻苦，以优异成绩多次获得奖学金，当时正攻读她热爱的药物学博士学位。五天后，她将与在纽约哥伦比亚大学攻读物理学专业的深爱的男友举行婚礼。安妮正沉浸在美好的人生梦想之中。

8日上午10点多，安妮前往离她的办公室不远的耶鲁大学动物研究中心，去查看那里的啮齿动物的实验情况。她正在做的研究项目与脂肪酸、酶和癌症、肌肉萎缩等疾病有关，需要用到实验老鼠。

在动物研究中心的地下室里，安妮与同为24岁的实验室技师雷蒙德·克拉克相遇，克拉克负责照料研究中心的实验动物，主要工作是清洗笼子，给动物喂食，保证动物不生病。克拉克是一个工作认真、严格遵循实验动物管理规范的人，但克拉克脾气暴躁、性格孤傲，与周围同事多有摩擦，有时甚至还因动物使用问题对一些科学家横加指责。棒球队的队友们多次阻止他在球赛中的野蛮攻击行为，而他的女朋友不久前也因此与他分手。安妮·李本人也曾遭遇这种无妄之灾：2009年初，她收到克拉克的一封电子邮件，指责她在做动物实验时不够小心。当时安妮回信解释了一下，并认为事情就这么过去了。

2009年9月8日晚，安妮·李被发现失踪

最早发现事情不对劲的，是安妮的同住劳伦斯街188号公寓的四个室友。当她们发现安妮没有像往常那样下班回来时，她们有些担心，因为平时如果她有事要晚些回来，一定会通知她们中的某个人的，而这次她们谁也不知道安妮去了哪里。安妮的室友纳萨莉·鲍尔斯多次拨打她的电话，却一直无人接听。晚上9点，鲍尔斯报了警。

一开始，纽黑文警方并没有太重视，他们认为安妮也许是有什么私事需要处理。不过，他们还是按例打电话给安妮的家人和朋友，包括她的未婚夫，

即将成为新娘的安妮·李

做了查询调查。然而，没有人知道这个女孩去了哪里。

第二天早上，安妮·李还是没有出现，也没有与任何人联系。于是，警方来到她的办公室进行调查。他们在那里发现了她的手提包，里面有她的手机、钱夹和信用卡。警方开始相信，她的室友的担心并非没有道理，她可能真的出事了——她不大可能属于自动失踪，因此有可能已经沦为恶性案件的受害者。

警方首先对她的未婚夫进行了质询，但很快就解除了对他的怀疑，因为他有不在犯罪现场的确凿证明。在排除了几个有明显嫌疑的人的作案可能性之后，警方似乎失去了所有的线索，他们不知道有谁会想害安妮以及为什么要害她。同事和朋友都说，安妮人缘很好，没听说与什么人结怨，平时行事也谨慎小心。就在几个月前，安妮还在大学学报上发表了一篇名为《纽黑文的犯罪现象与安全》的文章，主要探讨耶鲁大学校区的安全问题。安妮在文章中告诫同学不要在身上带大量的现金，要有安全意识，天黑后不要独自一人在校园内走动。由此也可见，安妮自己是不会粗心地让自己成为罪案受害者统计数字中的一个的。

调查陷入困境。所幸的是，耶鲁大

证据 1

监控录像锁定罪犯

尽管录像有些模糊，但依然清楚地显现了罪犯的面部特征。刑侦技术人员结合其他线索，锁定了犯罪嫌疑人的身份。

每个人走路都有自己独特的步态，这也是刑侦人员通过监控录像确定罪犯身份的一条线索。计算机技术对各种参数进行比较分析，如步幅、行走速度、双脚走路时呈现的角度以及两腿分开的距离等。这些数据资料可帮助确定嫌犯是否与录像上出现的人同属一人。

即使监控录像比较模糊，犯罪嫌疑人也难逃现代科技的法眼。计算机软件可通过多个角度还原绘制出嫌犯完整的三维图像，这种被称为"摄影测量"的技术可帮助刑侦专家精确测量人体的各种数据等，如身高、肩宽、两眼间距等。这些精确的数据可大大缩小嫌疑人员的范围，甚至直接锁定犯罪嫌疑人。

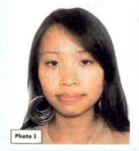

Photo 1

Photo 2

本案解析

耶鲁大学所有出入口处都安装有电子监控设施。警方根据监控录像发现，安妮·李于2009年9月8日上午10点09分进入位于埃米斯塔街的动物研究中心，但此后再也没有她从研究中心大楼走出来的录像记录。监控录像还显示，重大嫌疑人雷蒙德·克拉克在这天某个时候换下了他沾有血迹的衣服。

神经反应测谎术

测谎仪并非真的能测出一个人说的是真话还是假话，测试仪实际上测的是被测者自主神经的各种反应。从理论上来说，如果被测者故意说谎，脉搏、血压和皮肤电压等就会出现异常，由此可以判断被测者是否说了真话。测试仪也并非是万能的，一些容易神经紧张的人也有可能被错误判定为嫌疑人，即使他们事实上是完全清白的。

学有着非常完善的电子监控系统，校区所有出入口无一例外都在电子设备的监控之下。为了跟踪安妮在失踪那天的行踪，并确定她最后出现的地点，警方调出了耶鲁大学70个监控点共计700个小时的监控录像资料。

录像显示，2009年9月8日上午10点09分，安妮身穿棕色衬衫和浅绿色裙子进入埃米斯塔街的动物研究中心，之后再也没有出来——所有监控录像中都没有她从大楼里出来的影像。除了监控录像，实验室还安装了先进的电子门禁系统，出入者必须持有有效的身份证件才能被允许进入某些房间。警方通过调用

每个人都有独特的步态

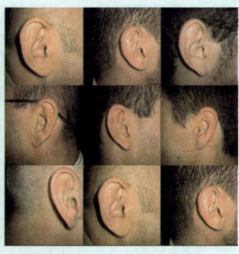

耳朵轮廓鉴定术
许多研究表明，人的耳朵结构复杂，且每个人的耳朵轮廓和形状都不一样，其独一无二程度甚至可以与人的指纹相媲美。以这一理论为基础的新技术可以通过耳朵照片来确定人的身份。刑侦专家可以根据耳朵照片，像确定指纹一样确定耳朵的生物轮廓。在犯罪嫌疑人通过安检设备时，生物轮廓识别系统可立即识别判断他是不是犯罪嫌疑人。

系统记录确定，安妮进入大楼后直接去了地下室。10点11分，她用自己的电子身份出入卡进入G13房间，而这张卡此后再也没有被使用过。

不用出入卡，安妮是不可能离开大楼的。如此看来，安妮极有可能仍在实验室大楼里。警方果断封锁了整幢大楼，并派出探索小队，带上警犬，在大楼里展开了全面搜索行动。然而，大楼里充盈着各种实验动物的气味，连警犬也变得有些不知所措。不过，警方最终还是在大楼的垃圾堆放处发现了一些线索。

2009年9月10日，雷蒙德·克拉克受到警方质询

为了调查安妮在2009年9月8日那天的行踪和最后去向，警方对实验中心的所有人进行了调查，实验室技师雷蒙德·克拉克也是被调查者之一。他承认，自己当天上午在G13房间里见到过安妮，当时他正在那里照料实验动物。但他称，安妮大约在12点30分离开了实验室，15分钟后他也离开了。

然而，警方注意到，克拉克的脸上有好几处抓痕，右上臂上也有。当警方询问克拉克这些抓痕是怎么回事时，他解释说是被猫抓伤的。警方当然不会轻

证据 2

电子门卡追踪被害人和嫌疑人的"电子脚印"

电子出入卡会在现代化的电子门禁系统上清楚地留下通过之人的电子痕迹，刑侦人员可以根据这些电子线索跟踪某个人的"电子脚印"。

电子出入卡上的磁条起着电子钥匙的作用，其中也包含了电子出入卡用户的身份信息。在刑事案件调查中，电子出入卡起着非常重要的作用，因为它们是某个人在某段时间的活动过程中留下的"电子脚印"。

一些重要科研单位在建筑物的出入口处安装有电子门禁系统，每个人进入建筑物时都要刷卡扫描，经计算机安检系统确认身份后才能被允许进入。人员出入信息也会同时被存储在系统数据库内。在警方进行调查时，刑侦人员可以通过这些电子信息了解包括受害人和罪犯在内的某些人，在罪案发生期间是否在犯罪现场出现过。

本案解析

2009年9月8日上午10点11分，安妮·李使用她的耶鲁大学的电子出入卡进入G13号房间。11点40分，雷蒙德·克拉克进入同一个房间。之后他进入另一个房间G22，前后共11次。警方在G22房间里发现了血迹和头发以及从安妮的项链上掉下来的两颗珠子。

易相信他的这套说辞，他们怀疑这些抓痕是被害人在反抗时留下来的。在警察局里，警方用测谎仪对克拉克进行了测试。当问到与安妮失踪有关的问题时，他的回答有明显说谎迹象。不过，没有确凿的证据以及作案动机，警方还不能对克拉克提出指控或定罪。

2009年9月12日，发现带有血迹的袜子和其他证物

案件侦破似乎陷入了死胡同。没有被害人尸体，没有嫌疑人，谋杀的唯一线索是实验室手推车上的一盒纸巾，警方在上面发现了一些血迹。

就在安妮失踪的第四天，也就是她准备举行婚礼的前一天，案件有了突破性进展——在实验中心地下室走廊的一块木板下，警方发现了一只带血的袜子，一只橡胶手套，一件蓝色外套，还有一双上面标有"Ray-C"字母的靴子，这些东西被证明都是属于克拉克的。

警方将这些新发现的证物送实验室进行分析鉴定，希望能从中发现受害人安妮的DNA，然后再与从安妮使用的牙刷和梳子上收集到的DNA进行比对。

2009年9月13日，发现安妮·李的尸体

这一天原本是安妮举行婚礼的一

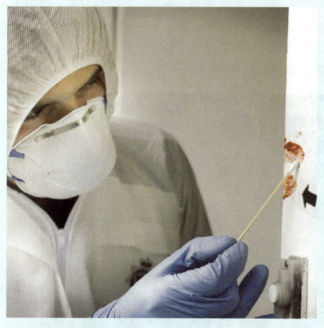

本案解析

雷蒙德·克拉克杀害了安妮·李，在他的衣服上沾上了被害人的血液、皮肤细胞和毛发，同时警方也在安妮·李的尸体上发现了雷蒙德·克拉克的DNA，现场还发现了一支沾有被害人和犯罪嫌疑人DNA的签字笔。这些确凿的证据证明，雷蒙德·克拉克当时就在犯罪现场，而且就是他杀害了安妮·李。

生物学线索让杀人犯无所遁形

血液、毛发、唾液和皮肤细胞都是案件侦破中的生物学线索，法医遗传学家可利用这些线索来提取犯罪嫌疑人的DNA证据。

DNA证据对于案件侦破的重要作用不言而喻，用于收集DNA证据的手套、棉签和证物收集袋等，都是警方侦破案件时使用的重要工具。案件侦破人员用棉签在犯罪现场遗留的衣物等物品上收集相关的生物学物质，送到实验室里进行DNA分析，然后与受害人血液或唾液中的DNA或犯罪现场收集到的DNA进行比对。

1. 用棉签从犯罪现场或受害人身上收集DNA样本。

2. 在实验室里，将样本置于某种化学溶液中，利用某些酶将其中的DNA物质分离出来。

3. 将DNA片断放置在凝胶体中，导入电流。在凝胶体中，大分子显然比小分子移动更慢。

4. 将经着色处理的DNA标记与犯罪嫌疑人的基因指纹进行比对。

天，但新娘失踪，至今生不见人，死不见尸。计划在长岛举行的婚礼早已取消，新郎和宾客们在绝望中等待着警方的最新消息，人人心中都惴惴不安，害怕传来的是噩耗。几乎就在原本计划的婚宴时间，警方有了一个可怕的发现：在这天下午5时左右，专门训练来寻找尸体的警犬嗅到了从实验中心地下室的一间衣帽间发出来的腐尸气味。警方终于找到了安妮，她被藏在用来安装水管和电线线路的夹墙内。

尸检结果表明，安妮的致死原因是颈部被勒导致创伤性窒息。

2009年9月15日，雷蒙德·克拉克被逮捕归案

在安妮失踪一周后，警方逮捕了实验室技师克拉克。在此之前，虽然所有线索都直指克拉克，但警方缺少给克拉克定罪的确证。克拉克还是矢口否认与谋杀案有关。警方从他身上收集了唾液、毛发和指甲，用以进行DNA检测，然后释放了他。

两天后，警方获得了检测结果：DNA比对结果证明，在受害人的身体和衣物上发现的DNA与从克拉克身上提取的DNA完全相同，属于同一个人。这天上午8点10分，克拉克在克伦威尔的一家汽车旅馆里被抓捕归案。

2009年9月22日，在安妮被害两周后，400多人参加了她的葬礼。但她的家人和朋友还需要等候一段时间，才能等到罪犯被绳之以法，还安妮以公道的那一天。

6个月后，雷蒙德·克拉克被判杀害安妮·李罪名成立，但他没有提供任何犯罪动机。又过了3个月，2011年6月，雷蒙德·克拉克被法院判处44年有期徒刑。

警方在获得确凿证据后，将罪犯抓获归案

（乔心月）

"哈佛谋杀"

160多年前，借助科学手段侦破一桩恐怖血案。

19世纪40年代末期的美国波士顿，是一座繁荣的城市。在当时波士顿的名门望族中，有一个名叫乔治·帕克曼的大富翁，他年近60，个人资产多达50万美元（在当时，即使1美元也是个不小的数目），与很多政客、艺术家和军官都有交情。帕克曼有许多处房屋出租，同时还放贷。他每天都会外出打理收租收债等事务。不过，他节俭成性，为了节省养马的开销，每次外出都是步行。在他所居住的街区，人们早已熟悉他行色匆匆的身影和每天外出的时间规律，据说还有人根据他的作息时间来调校钟表。人们还很好奇：揣着那么多钱在街上走，安全吗？

乔治·帕克曼

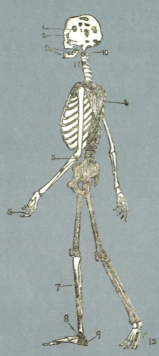

乔治·帕克曼的骨架复原图

1849年11月23日早晨，帕克曼像往常一样外出收账，之后就失踪了。次日，帕克曼的家人报案，警方立即展开调查，并悬赏寻找线索。警方了解到，失踪当天，帕克曼外出的主要目的是去哈佛医学院找化学和地质学教授约翰·韦伯斯特还钱，后者以昂贵的矿物样本作为抵押，向他借了484美元。而据韦伯斯特本人所说，他在帕克曼失踪当日上午去过帕克曼家，是去商谈债务清偿事宜的，当时他已经筹到了还债的钱。

帕克曼失踪两天后，韦伯斯特来到帕克曼家，说了同样的话。他还说，他是从报纸上得知韦伯斯特失踪消息的，觉得有必要来说明一下情况。说完这番话后，他就走了。令帕克曼家人感觉奇怪的是，韦伯斯特看上去没有显露出哪怕一丝感伤。而事实上，就连他在哈佛大学的任职都是由帕克曼安排的。对于一个给过自己莫大帮助的人，难道他就没有别的话可说吗？知情者还怀疑韦伯斯特哪来这么大一笔钱还债，因为帕克曼曾经说过，韦伯斯特的债主远不止他一个人，但韦伯斯特连一个债主的利息都没付清过。

对于帕克曼的蹊跷失踪，人们议论纷纷。有人说，帕克曼只是突然离开了波士顿。有人说，帕克曼遭遇了打劫。还有人说，一定是有人想霸占帕克曼的妻子和家产。当然，这些说法都是空穴来风。警方在河中捞尸，在附近城镇寻人。警方还到哈佛医学院搜查过两次，重点是实验室和解剖室，但没有发现帕克曼去过那里的迹象。警方还去了帕克曼的所有出租房（不管是有人住的还是没有人住的），甚至还去了一些并非帕克曼拥有的被弃房屋，但所有的行动都徒劳无获。

与此同时，警方接到未署名信件说，帕克曼有可能被人谋杀了，地点可能是纽约。还有人向警方证实，帕克曼在失踪当天情绪很激动，因为他最近得知韦伯斯特把已经抵押给他的矿物样本又抵押给别人了，他对于这种欺骗行为大为光火，

约翰·韦伯斯特

艾弗莱姆·里托菲德

打算找韦伯斯特说个清楚。

在对帕克曼失踪一事感到蹊跷的人中，有一位是哈佛医学院的门警，名叫艾弗莱姆·里托菲德。他的住所与韦伯斯特的实验室同在一层楼，他们做邻居已有七年，而且韦伯斯特的讲课通常都是由他作相关布置的。帕克曼失踪几天后，里

帕克曼的遗骸就发现于这座建筑的地下室

托菲德在街上遇见了韦伯斯特，后者问他：上周你是否在校内见过帕克曼？他回答说，帕克曼失踪当天下午1点半左右，他确实看到过他。听了此话后，韦伯斯特很怪异地在地上跺了一下手杖，然后又问：你有没有在教学楼内见过帕克曼？1点半之后是否还看见过他？帕克曼是否进入过韦伯斯特的教室？在看到里托菲德对这些问题摇头后，韦伯斯特对里托菲德重复了他说给帕克曼家人的那番话。

里托菲德感到很反常，因为韦伯斯特这次对他说的话比七年来对他说的所有的话加起来还多。里托菲德随后记起，在帕克曼失踪前四天，韦伯斯特问过他有关解剖室的一连串问题。还有，在警方来校园搜查后，韦伯斯特竟然送了一只火鸡给他当感恩节礼物。

让里托菲德感到反常的还有，1849年11月27日一早，韦伯斯特来到办公室，在熔炉和燃料橱柜之间往返了多次。当天晚些时候，里托菲德发现熔炉被烧得很烫，以至于一侧的墙壁烫得不能用手触摸。在韦伯斯特离开后，里托菲德通过一扇窗户进入韦伯斯特的办公室（因为所有房门都上了锁）。他发现，屋内刚被装满的装引火物的桶子几乎空了，屋内一些本来干燥的地方有点潮湿，闻起来还有酸味。

让里托菲德觉得奇怪的事情还有，人们居然开始怀疑他干了坏事。有人这样说：帕克曼确实进入了哈佛医学院，但没人见他出来，这是否与门警有关？

在帕克曼失踪近一周后，里托菲德决定要证明自己的清白。他知道有一个与韦伯斯特有关，但警方没有搜查的地方。他借来斧头、钻头和铁锹等工具，来到韦伯斯特的实验室，让妻子在外放哨，自己则在之前感到炽热的那堵墙上开凿，这里正是韦伯斯特的实验室厕所

通往厕坑之处。警方之所以没有检查这里，也许是因为很难想象谁能通过狭窄的便槽把尸体拖进厕坑，也许是因为没人愿意搜查这么肮脏的地方。

到第二天，里托菲德在那堵墙上凿出了一个洞。他立即感到一股刺鼻的气流涌出。他用手里提着的灯四下查看，发现了粪堆上的一个盆骨以及分离的一半臀部和大腿。拿着混合着血的污物，里托菲德全身颤抖地跑去报了警。

之后，粪坑里的其他人体残骸被警方取出。接下来，警方逮捕了韦伯斯特，但他拒不承认自己杀人，还把矛头指向里托菲德，称后者是除了他自己以外唯一能使用这个厕所的人。

验尸官对实验室洗涤槽、地上和台阶上的液渍以及从熔炉中取出的东西（纽扣、硬币和多块骨骸）进行了检查。警方还在实验室发现了一只箱子，里面装着一具无头、无四肢、多毛且已恶臭的人体躯干。这具躯干很明显被焚烧过。躯干内塞着一半臀部。警方还发现了一把锯子，怀疑被用来从躯干上锯下头颅。

那么，尸骸的其余部分比如心脏和其他内脏在哪里呢？明显答案是：它们被烧毁了。事实上，里托菲德在实验室熔炉里就发现了一块骨骼残片。

根据尸骸特征，帕克曼的妻子辨认出这就是她丈夫。警方后来又找到了属于帕克曼的血衣，还发现了右肾。对实验室液渍的检测表明，它们是能有效清除血迹的硝酸铜。接着，骨骼专家对骨骸进行了仔细检验。他们在死者左胸下方发现了一个洞，推测是致命伤口。专

家还估计出了死者的身高，它与帕克曼的身高很匹配。

所有这些证据看来都直指韦伯斯特，但人们却很难相信他会犯下如此恐怖的罪行。反倒有许多人说，惯于掘尸卖给解剖学师生、并且不思悔改的里托菲德对处置尸体很熟悉，说不定正是他想陷害一位好教授。

法庭上，辩方指出，从这些尸骸根本不足以辨认死者，左胸下方的创口处不见出血，应该是常规解剖过程造成的。但哈佛医学院院长出庭作证说，尸骸肢解者对人体解剖非常熟悉，肋骨之间的创伤不一定会造成大量失血，这些尸骸与帕克曼的体格"并非不相似"。验尸官则说，在熔炉里发现的头骨、颈骨、脸骨、腿骨与在箱子里发现的躯干匹配。帕克曼的牙医也作证说，在熔炉里发现的假牙是他给帕克曼安的，保存至今的牙齿印模与这只假牙完全匹配。作为证人，里托菲德也描述了韦伯斯特在案发前后的种种异常之举。笔迹对比显示，警方收到的声称帕克曼死于别处的一封匿名信为韦伯斯特本人所写。

法庭最终判定韦伯斯特杀人罪名成立，他被判处绞刑。直到此时，韦伯斯特才承认自己杀了人，但声称并非蓄意杀人，是因为当时两人发生了争执，帕克曼情绪失控，出于自卫才杀了帕克曼。

1850年8月30日，韦伯斯特被送上了绞架。韦伯斯特死后，有人认为有关证据具有高度偶然性，此案判决不公。这场争论持续发酵，其影响甚至波及欧洲。历史学家把此案称为"哈佛谋杀"

韦伯斯特谋杀帕克曼的场景

和"美国最著名案例",甚至就连英国大作家查尔斯·狄更斯也亲自到过帕克曼遇害的房间。

对于美国司法系统来说,韦伯斯特案改变了美国杀人案的调查进程,对审判系统产生了相当重要的影响。在此之前,美国法庭上已经开始采用指纹术(自古代起就开始使用)及其他物证技术,包括对文本的墨迹鉴定、对身体组织中的毒物检验、对物体表面的血迹分析、对性犯罪者的精液分析、弹痕检验等,而韦伯斯特一案则标志着美国法庭首次使用医生作为专家证人以及首次接受牙齿证据。随后25年里,这一做法逐渐成为常态。

法医人骨学

在韦伯斯特案审判中,法医人骨学(对人类骨骼的研究)起了很大的作用。人体一共有206块骨头,它们的重量对成年男性来说大约平均为5.44千克,对女性来说大约为4.54千克。为计算骨骼数据,就要把骨骼放在骨骼测量板上,使用卡尺来测量。调查人员从骨骼测量中经常能得到如下信息:

性别　男性的骨盆比女性的窄些,男性的头骨特征中有一些比女性的略大,男性的骨骼总重量也大于女性。

年龄　对于比较年轻的人来说,骨骼的结合阶段能表明年龄。对年龄较大的人来说,钙和其他矿物的累积情况、骨盆的持续变化或关节炎等骨病证据能表明年龄。其他线索来自于牙齿发育阶段和牙釉质磨损区域。

既往创伤　骨折过并且有医疗档案,有助于辨认死者身份。

人种　通过面部结构尤其是鼻子和眼窝,可以判断一个人属于三个主要人种当中的哪一个。对于黑人和蒙古人来说，鼻梁都比高加索人的宽。

身高 通过完整的尸骨来测量身高当然很容易，但对关节断离或不完整的骨架来说，要想测量身高就必须先拼接出骨架。一个经验法则是身高大约为肱骨长度的五倍。其他主要骨头如脊骨、胫骨和股骨等也可作为测量身高的依据。

身体类型 基于骨骼特征，可以判断一个人的体形属于瘦削、中等还是厚实。

死因 头骨或其他骨头可能会显示出死因：刀伤、弹孔、钝器造成的骨折，甚至是肢解尸体所留的锯痕。有时候，骨骼还可能会显示出中毒的证据。

鉴证"死亡天使"

在刑事案件中，当死者的遗骸因腐败、焚毁、残缺等原因处于无法辨认状态时，死者的身份辨认通常需要比较牙齿与牙医记录、进行某些类型的DNA分析、从头骨形状进行面部修正或面容重建等，因此，案件调查人员常常与法医人类学家、法医病理学家、法医口腔学家等协同工作。下面是一个著名案例。

"二战"期间，超过600万欧洲人（其中大多数是犹太人）在纳粹的死亡集中营——奥斯维辛中惨遭杀戮，而有着"死亡天使"恶名的纳粹医生约瑟夫·门格勒在那里监督了对超过40万人的处决。"二战"结束后，门格勒外逃。虽然他曾在多个南美洲国家现身，但没有人捉住他。1979年，门格勒溺毙、并葬于巴西的"沃尔夫冈·格哈德"之墓的消息传出。巴西政府决定开棺验尸，并邀请美国法医人类学家克莱德·斯诺和德国法医人类学家理查德·赫尔默前往圣保罗鉴定死者身份。

两位专家抵达后，发现死者的骸骨十分凌乱，其中一些已被掘墓人挖烂。他们即刻开始工作。他们发现死者是一个右撇子高加索人，年龄在60~70岁之间，从骨骼推算的死者身高与门格勒的身高相差不到半厘米。由于缺乏门格勒在世期间的有关记录，两位专家采用"视频头骨—面容叠加"技术对死者容貌进行鉴证。他们先把破碎的头骨拼接在一起，用大头针在30个点上做标记，接着对门格勒的照片做相同标记，然后让头骨和照片并排面对摄像机，利用摄像机记录，检验头骨和照片上的30个对比点是否全都匹配。

两位专家在仔细检验后最终宣布，这具头骨属于纳粹战犯门格勒。稍后，门格勒的牙医X光记录被找到，并且与头骨作比较，两者完全匹配。这进一步证实了两位专家的判断。再后，DNA检测结果也证明他们的判断准确无误。

（吴青）

HUIFEI YANMIE

灰飞烟灭

五个孩子在一个圣诞前夜"神秘失踪"。这桩60多年前的谜案至今悬而未决。

接近40年中，任何驾车经过美国西弗吉尼亚州费耶特维尔第16号公路的人，都可能看见一张印有五个孩子头像的公告牌。这五个孩子分别是：14岁的毛里斯、12岁的玛莎、9岁的路易、8岁的金妮和5岁的贝蒂。公告牌上不仅有孩子们的简介，而且还有对他们离奇失踪原因的猜测。

费耶特维尔是一个很小的镇，只有一条长度不超过百米的主街，这也就难怪在这桩奇案中，传言所起的作用比实际证据还大——时至今日，人们依然不能确定这些孩子究竟是死了还是活在人世。人们确切知道的仅仅是：1945年的圣诞节前夜，乔治和金妮·索德夫妇以及他们的十个孩子当中的九个（还有个儿子在外地服役）上床睡觉；半夜一点左右，他们家发生火灾；乔治夫妇和他们的四个孩子得以逃生，另外五个孩子却从此不知所踪。

当时的情况是，为了救这五个孩子，乔治砸碎一扇窗户回到屋里，他的一条手臂被碎玻璃划开了一道深深的口子。烟雾、火光充满了楼下的全部房间，包括客厅、餐室、厨房、书房以及乔治夫妇的卧室，他什么都看不见。他紧急梳理了一下情况：睡在底楼他们夫妇卧室里的婴儿床上的两岁的西尔维娅已被安全转移到了户外，17岁的马里昂、23岁的约翰和16岁的小乔治从楼上共住的卧室跑了下来，逃生成功。那么，毛里斯、玛莎、路易、金妮和贝蒂还在二楼的屋里，他们要么蜷缩在卧室里，要么躲在走廊尽头。楼梯已被大火吞没，他们可能不敢下楼。

火势太猛，乔治只好退到屋外，打算通过楼上的窗户进去救人。可是，一直靠在外墙上的梯子此时却不见了。他急中生智，想把他的运煤车开过来，从车上跨进楼上的窗户里。可是，昨天还很好使的运煤车现在却动不了了。他绞尽脑汁再想办法：他试图从装雨水的桶中舀水灭火，却发现水已冻结。五个孩子还被困在火势凶猛的屋里，乔治心急如焚，根本没注意到自己的手臂在淌血，他的嗓子也因为疯狂呼喊孩子们的名字而哑了。

上图：乔治夫妇当初竖立的寻找失踪子女公告牌
下图：在大火中失踪的乔治夫妇家的五个子女

他的女儿马里昂跳到邻居家的屋顶上，向费耶特维尔消防队求救，却未得到任何回应。一名目睹大火的邻居从附近一家酒馆拨打火警电话，对方却无人应答。一怒之下，这个邻居开车进城，找到了消防队长莫里斯。消防队距离乔治家只有4千米，但消防车直到早晨8点才抵达现场，而那时乔治家早已变成一堆废墟。

乔治夫妇推测那五个孩子都死了。可是，对现场进行的搜索并没有发现任何人类骨骸。莫里斯队长认为，大火可能把孩子们烧成了灰。一名州警官在勘查现场后，把失火原因归结为电路故障。乔治用1.6米厚的土掩埋了废墟，希望保存遗址作为永久的祭奠。新年前夕，验尸官发出了五张死亡证明，称孩子们的死因是"大火或窒息"。

然而，乔治夫妇却开始怀疑这五个孩子是不是真的死了。

乔治·索德1895年生于意大利的撒丁区，1908年移民美国。伴随乔治来美国埃利斯岛的哥哥很快就返回了意大利，孤身一人的乔治随后在宾夕法尼亚铁路上找到了工作——运水和供给物资给劳工。数年后，他搬到了西弗吉尼亚的斯密瑟斯。天资聪颖而又野心勃勃的乔治从当司机开始，直到开办了自己的货运公司。有一天，他走进一家当地商店并结识了店主的女儿金妮，后者3岁时从意大利移民美国。

乔治和金妮结婚后，于1923—1943年期间生了十个孩子，并且最终定居于西弗吉尼亚的阿巴拉契亚山小镇费耶特维尔，那里有一个虽然不大但活跃的意大利移民社区。乔治家是当地最受尊敬的中产阶级家庭之一。乔治对从经商到政治的各方面都有强烈见解，但不知为何，他从不对人谈论自己的青年时代，也从不解释自己当年在意大利的境况和背井离乡的原因。

在火灾发生之前，乔治夫妇家接连遭遇怪事。一天，一个陌生男子出现在他们家，说自己想找货运工作。他还走到乔治家的屋后，指着两个保险丝盒说："这总有一天会造成火灾。"乔治对此感到奇怪，因为他刚请当地电力公司来检查过线路，后者说他们家的线路状况良好。在这个陌生男子之前不久，还有一男子到乔治家推销保险。在被乔治拒绝后，他大发雷霆："我会让你们该死的家灰飞烟灭，让你们家的孩子片甲不留。你必须为说墨索里尼的坏话而受到惩罚。"乔治的确直言过对这个意大利法西斯头目的憎恶，他甚至还因此与费耶特维尔的意大利社区其他成员进行过激烈的争论。乔治的两个长子在火灾后也回忆起一桩怪事：他俩在火灾发生前不久注意到，一个把车停在21号高速公路上的男子密切注视着放学回家的乔治家的孩子们。

火灾发生那天，圣诞夜12点半左右，孩子们在打开各自的圣诞礼物后就都睡了。没多久，刺耳的电话铃声打破了宁静。金妮跑过去接电话。对方是一个陌生女性，她要找的是乔治夫妇并不认识的人。金妮从电话中听到了对方所在背景中的浪声笑语、觥筹交错。她说了句"你打错了"，然后挂断电话。在她踮着脚回房时，发现楼下的灯还亮着，窗帘没拉上，前门也没锁。她关了灯，闭上门窗，然后重回卧室睡觉。她刚入睡，便被房顶上重重的一响惊醒。但她太困倦了，很快又睡着了。一小时后，她再度被惊醒——浓烟一股股卷入她的房间。

事发后，金妮想不通的是：如果五个孩子真的死于这场大火，怎么可能全然不见尸骸？她私下做了实验——燃烧鸡、牛和猪的骨头，看它们是否能被烧成灰。结果是，每一次燃烧都留下一堆烧焦的骨头。她还发现，废墟中找到的不少家用物品依然能辨出原状。一个火

乔治夫妇家在那场离奇大火后剩下的废墟

葬场雇员告诉她，尸体在1093℃的温度下燃烧两小时后，依然会留下骨骸。可是，他们家毁于短短45分钟内。

疑点还不少。一名电话修理工告诉乔治夫妇说，他们家的电话线看来是被切断而不是烧断的。乔治夫妇意识到，如果火灾真的是由电路故障引发的，那么肯定会断电，可楼下的灯怎么会亮着？一名证人称看见一男子出现在火灾现场，手上拿着用于拆卸汽车引擎的工具。这是否就是乔治的卡车"拒绝"启动的原因？一天，当乔治夫妇一家重回自家旧址时，他们在院子里发现了一个坚硬的橡胶物品。金妮忆起当时听见的重重的响声，乔治判断它是由战争中使用的凝固汽油弹发出的。

接着传出了对失踪的五个孩子的目击报告。一名妇女说，在大火燃烧时，她看见那五个孩子从一辆驶过的汽车里向外眺望。一名在费耶特维尔和以西大约80千米外的查尔斯顿之间开游客服务店的妇女说，她在火灾后第二天早晨看见了那五个孩子，还为他们做了早餐。她还说，这些孩子应该是乘坐一辆挂佛罗里达牌照的汽车来的。查尔斯顿一家旅馆的一名妇女说，她在火灾发生五周后看见过其中的四个孩子（她在报纸上见到了孩子们的照片），当时他们由明显是意大利裔的两男两女看管着。她肯定地说，这些人在午夜时

分登记入住了她所在旅馆的一个多人大房间。当时她想和孩子们说话，但两名男子明显不让她这么做，其中一人一边恶狠狠地看着她，一边用意大利语和另一男子快速对话。次日一早，这些人就走了。

1947年，乔治夫妇写信到联邦调查局求助破解此案。他们

23-YEAR SEARCH FOR CHILDREN CONTINUES AT FAYETTEVILLE
George and Jennie Sodder Stand in Front of Billboard Offering Reward

AP Wirephoto

乔治夫妇当年在寻子公告牌前的合影

很快收到了联邦调查局局长埃德加·胡佛的回复："尽管我很愿意效劳，这事儿看来却属于地方管辖，而不在联邦调查局的职责范围内。"胡佛的代理人说，如果能得到地方当局同意，联邦调查局会予以帮助，但费耶特维尔警方和消防队拒绝求助。

接下来，乔治夫妇雇请了一位名叫丁斯里的私人侦探进行调查。丁斯里发现，曾经威胁过乔治的那个保险推销人其实是验尸官陪审团的成员之一，正是这个陪审团认定这场火灾属于意外。丁斯里还听说了有关消防队长莫里斯的一个蹊跷故事：莫里斯声称没有发现尸骸，但有传言称他私下承认在灰烬中发现了"一只心脏"，并把它藏在一个炸药盒里埋在了现场。

丁斯里说服莫里斯到乔治夫妇家指认埋东西的地点。他们一起挖出了那个盒子，并把它送到了当地一位殡葬专家那里。专家鼓捣了一番那只"心脏"，然后下结论说那其实是一只没有被烧过的牛肝脏。此后不久，乔治夫妇听到传言称，莫里斯队长对他人说，他认为找到的任何尸骸都能抚慰乔治夫妇及其家人，同时也能给这场火灾调查打上句号，所以他在废墟中埋下了那只牛肝脏。

在接下来的数年里，有关此案的线索继续浮现。乔治在一份报纸上看见一张纽约市某学校孩子的照片，确信其中一人是他的女儿贝蒂。他驾车来到纽约曼哈顿寻找女儿，但那个女孩的父母拒绝和他说话。1949年8月，乔治夫妇决定对他们家离奇火灾现场进行重新发掘，他们还特意请来了华盛顿特区的病理学家奥斯卡·亨特。这次发掘发现了一些小物件：受损的硬币、一部已部分烧毁的词典和多块椎骨碎片。亨特把骨骸送到了史密森学会（于1846年在美国华盛顿特区创立），后者给出了以下的检测报告：

"送检的人类骨骸中包括属于同一人的四块腰椎。由于横向隐窝已融合，

因此判断死者年龄为16～17岁。死者的年龄上限应该大约是22岁，因为通常在23岁融合的椎体尚未融合。基于此，这些骨骸显示出比一个14岁男孩（乔治夫妇家失踪孩子中最年长者）成熟得多的骨架特征。然而，尽管一个14岁半的男孩显示出16～17岁成熟度的情况不大可能，却也不是不可能。"

报告还指出，受检椎骨未显示出曾暴露在大火中的证据，"很奇怪的是，在这次据称对房屋地窖废墟进行的很仔细的发掘中，竟然没有发现其他任何骨骸"。注意到乔治夫妇家当时被烧时间只有30～45分钟，报告指出："如果那五个孩子真的都死于那场大火，那么就完全有理由找到五个孩子的完整骨架，而不是只找到四根椎骨。"报告下结论说，这些椎骨很可能来自乔治当初为祭奠孩子们而用来充填地窖的泥土中。

史密森学会的报告在西弗吉尼亚州议会引发了两场有关乔治家大火的听证，此后州长和州警方总监告诉乔治夫妇搜寻无果，并宣布此案终结。乔治夫妇对此不予接受，他们还在第16号公路上塑起寻人公告牌，并散发启事悬赏5 000美元征集线索。他们很快又把悬赏金额提高到10 000美元。一封由一名妇女发自圣路易的信中说，乔治夫妇家失踪的女儿玛莎在那里的一间修道院里。还有一条线索来自得克萨斯，那里的一名酒吧主顾偶然间听到了一次有关西弗吉尼亚很久以前一场圣诞夜奇怪火灾的对话。而在佛罗里达州，有人声称乔治夫妇家失踪的孩子们都住在他们的母亲金妮的一名远亲家里。乔治前往各地调查每一个线索，但总是徒劳无功地返回

家中。

1968年，火灾过去20多年后，金妮收到一封寄给她的邮件，发件邮戳地为肯塔基，但没有发件地址。邮件中有一张一名25岁左右男子的照片，照片背后写着："路易斯·索德。我爱哥哥弗兰基。A90132或35。"乔治夫妇都觉得照片中的男子与他们的失踪时9岁的儿子路易斯长得很像，于是他们又雇了一名私人侦探前往肯塔基进行调查。然而，这个侦探一去之后再无音信。

乔治夫妇担忧如果他们公布这封信或者邮戳上的城镇名字，有可能会伤害他们的儿子，于是便修改了公告牌，印上了这张"路易斯的新照片"，还在火灾遗址悬挂了这张照片的一幅放大版本。一次，乔治在接受采访时说："时间对我们来说就要耗尽了。我们只想查明真相。如果孩子们真的都死于那场火灾，我们需要确凿的证据。反之，我们想搞清他们究竟发生了什么。"

一年后即1968年，乔治去世。金妮在自家周围竖起篱笆，并建起更多房屋，以让自己与外面相隔更远。自从那场令她刻骨铭心的火灾之后，她就只穿黑色衣物，直到她在1989年过世。乔治夫妇寻人公告牌最终消失，但他们的孩子们和孙子们继续调查这桩谜案，并对此提出了他们自己的推论：当地黑手党想拉乔治入伙但被拒，想勒索他的钱财也未能得手，于是他们派了一个或几个孩子们认识的人绑架了他们；这人或这些人破门而入，告诉孩子们发生了火灾，要带他们去安全的地方；孩子们可能活不过那天晚上，但要是他们活了下来，而且活了几十年，要是那张照

片中的男子真的是长大了的路易斯，那么他们没联络父母的唯一原因就是想保护父母。

乔治夫妇家孩子当中最小的一个、也是至今唯一健在的一个——西尔维娅，如今已年过70岁。她不相信自己的五个兄姐死于那场火灾。她经常登录犯罪调查网站，与那些依然对他们家案子感兴趣的人交流。她最早的记忆都是关于1945年那场大火之夜的，当时她才两岁。她永远不会忘记当时淌血的父亲和每个人的凄厉叫喊，可是，她至今也不明白当时究竟发生了什么以及为什么。

死前线索

右胫骨、腓骨、鼻骨、上颌骨和骨盆（有两个融合叶），与死者曾遭遇车祸并痊愈吻合。在图中还可看出，死者的多颗牙齿被碰掉。

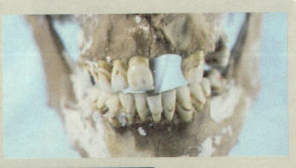

濒死线索

炭化现象在死者颅顶和足踝及尺骨的一些部位明显可见，这些部位是最少被软组织保护的。骨架被烧程度和被烧部位能揭示有关死亡状况和当时死者身体所在位置的信息。

死后线索

哪怕在棺材中，骨骼也会糜烂。死者的髋骨和骶骨显示出糜烂迹象，糜烂部位都是骨骼与棺材底面的接触部位。糜烂模式表明了尸体在墓中的位置。

事故？谋杀？一份现代法医档案

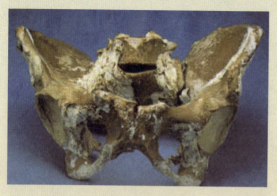

根据一份现代法医档案，在一场房屋火灾后，一名男子的尸体未经检验就下葬了，原因是他被认为死于偶然。数年后，人们根据获得的证据，重新将他的遗骸掘出，目的是确定他的死亡是不是属于一次谋杀，火灾现场是否被人为了掩盖谋杀而经过特别伪装。

在遗骸被掘出后，法医和法医人类学家一起参与了检验。对遗骸的检验表明，该男子除了多处已经痊愈的骨伤之外，至少还有七处未复原的伤；他的尸体曾被焚烧过，并且在未经防腐处理的情况下被埋葬。这张照片显示，死者的头骨被法医锯开，颅顶被锯处边缘的浅色，表明这个伤痕出现在最近的尸检期间。

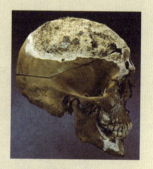

●死者性别：男性（证据：大大的眉骨和乳突、方形的下巴、较窄的坐骨切迹和耻骨下角）

●死者年龄：40～45岁

●死者身高：约1.76米

●死者籍贯：欧洲裔（证据：脸型瘦长，鼻腔和眼间距较窄，腭和下颌骨呈V形）

●死因：包括刺伤在内的多处伤（证据：大多集中于肋骨的多处伤口未显示出痊愈迹象。伤口边缘及附近骨骼颜色的相似性显示，伤口并非出现于死后。死者身体左右的六根下肋骨被利刃完全砍断。下右肋骨在三个可辨认位置被砍断，表明至少被砍了三刀。一根椎骨顶端也被砍断）

以上这个法医案例凸显了一具骨架能够揭示的信息真的很多，包括刀伤、骨折、炭化等。遗骸不仅会告诉我们死者在世期间的情况，而且会告诉我们死者在死前、死亡当时和埋葬时的很多信息。在本案中，根据尸检发现和相关的犯罪调查，一名嫌疑人受审并最终被判杀人、纵火罪名成立。

（刘安立）

海上漂足之谜

从2007年8月至2012年1月，在加拿大不列颠哥伦比亚省的萨利希海岸以及美国华盛顿州海岸等地附近，先后有14只人足被发现。这些人足来自哪里？属于什么人？为什么只见人足不见人体其余部分？人体尸骸能在海上漂流那么远、那么久吗？

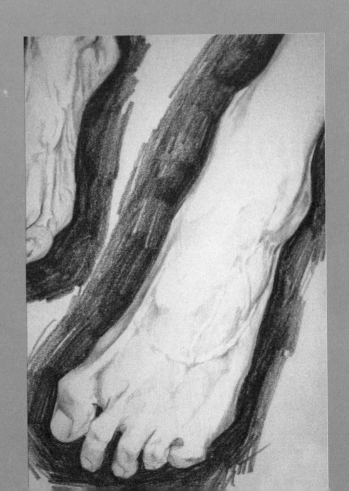

海上漂来的人足

从2007年到2012年，在加拿大不列颠哥伦比亚省的萨利希海岸及美国华盛顿州海岸等地附近，先后有14只从海上飘来的人足被发现，引起警方和公众的关注。

2007年8月20日，一名美国女孩在加拿大不列颠哥伦比亚省的杰迪戴亚岛上游玩时拾到一只阿迪达斯鞋子。鞋里有一只短袜，她打开来看，发现里面竟然包着一只男人的脚。法医学家推测，尸体在海水中长时间浸泡、腐烂，导致脚关节脱落，从尸身分离的脚最终漂上了海滩。进一步检查发现，这种鞋子产于2003年，主要销售于印度。

同年8月26日，在不列颠哥伦比亚省佐治亚海峡的海湾群岛中的加比奥拉岛，一对夫妇发现了第二只人足，也是一只男人的脚，分析认为也是因尸体腐烂而与尸身分离的。它浸透了水，看来就像是被动物带上岸的。专家分析说，它有可能是从南面漂到此地的。它所穿的这种鞋子产于2004年，在全球范围有售，但在2004年以后就停产了。

2008年2月8日，在上述海湾群岛中的瓦尔德斯岛，第三只人足被发现。它是一只男性右脚，穿着运动鞋和短袜。这种鞋在2003年2月1日至2003年6月30日之间销售于加拿大和美国。

2008年5月22日，在不列颠哥伦比亚省弗雷泽三角洲的柯克兰岛，第四只人足被发现，同样穿着短袜和运动鞋，被认为是顺着弗雷泽河被冲到这里的，但与在海湾群岛发现的人足无关。这是一只女性右脚，所穿的鞋子是产于1999年的"新平衡牌"运动鞋。

2008年6月16日，在弗雷泽三角洲的韦斯特汉姆岛附近海面，第五只人足被两名徒步旅行者发现。稍后证实，这

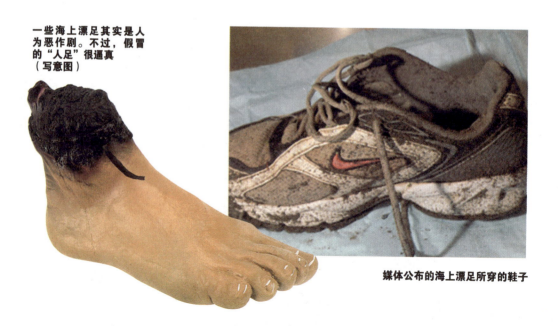

一些海上漂足其实是人为恶作剧。不过，假冒的"人足"很逼真（写意图）

媒体公布的海上漂足所穿的鞋子

只左脚与2008年2月8日在瓦尔德斯岛发现的右脚属于同一男子。

2008年11月11日，在加拿大的里奇蒙德地区，第七只人足（第六只发现于美国）被发现。当时，它穿着鞋子漂浮在弗雷泽河里。这只鞋是小号的"新平衡牌"跑鞋，很可能是女鞋。法医DNA检测证实，它的基因与2008年5月22日在柯克兰岛发现的人足是匹配的。

2009年10月27日，在里奇蒙德海滩，第八只人足被发现，它穿着一只跑鞋。

2011年8月30日，在温哥华的福斯溪，第十一只人足（第九和第十只发现于美国）被发现。当时，它穿着鞋子、连接着下腿骨漂浮在国家广场码头附近的海面上。法医学家指出，它是因长时间浸泡在海水中而从膝盖处自然脱落的。

2011年11月4日，在温哥华穆迪港附近的沙美特的湖面上，一组露营者发现了一只人足（第十二只）及其所穿的登山鞋。警方认为这只人足是与尸身自然分离的，并不涉及不正当行为。

2012年1月26日，在温哥华市海洋博物馆附近一座公园的水边沙滩上，有人在一只靴子里发现疑似人骨骸（第十四只）。不知出于什么考虑，警方至今未公布此案情况。

几乎与之相同时期，在美国华盛顿州海岸附近，也陆续发现了一些海上漂足。

2008年8月1日，在美国华盛顿州派希特附近的一个海滩上，一名露营者发现了被海藻覆盖着的一只人足（第六

只）。发现地点距离位于德富卡海峡的国际边境线不到16千米。检测证实这是一只人的右脚。警方说，在一只大码运动鞋里发现人骨和腐肉。这也是首次在加拿大不列颠哥伦比亚省以外发现海上漂足。美国警方8月5日表示，这只人足有可能是从加拿大水域漂过来的。

2010年8月27日，第九只人足在华盛顿州惠德比岛被发现。法医根据它的大小认为，它已在海水里泡了两个月，它要么属于一名青少年，要么属于一个女性。它在被发现时没穿鞋袜。警方宣布这只人足将接受DNA检测，但不知为什么此事至今不见下文。

2010年12月5日，在华盛顿州西部的塔科马市（位于温哥华以南225千米）的潮漫滩上，第十只人足被发现。当时这只右脚穿着"奥索卡踪迹牌"小码登山鞋，因此它有可能属于一名青少年或一个小个子成年人。

2011年12月10日，第十三只人足及腿骨被发现漂浮于美国华盛顿州西雅图市一座海桥下方的海面上。

另外，2008年6月18日，在温哥华岛坎贝尔河附近的太伊沙嘴，发现一只"人足"。后经警方调查证实，这是一个骗局，所谓"人足"其实是被穿上短袜放进鞋里、然后充填干海草的骨架化的动物爪子。肇事者有可能会被指控犯有妨害公众罪。还有，在第十一只海上漂足于2011年8月30日被发现后，多只被疑包含生肉的跑鞋被海水冲上了不列颠哥伦比亚省的橡树滩。

一些海上漂足可能来自于船难遇难者

恶作剧还是另有其因

自2007年8月至2012年1月26日，总共有多达14只海上漂足被发现于加拿大不列颠哥伦比亚省的萨利希海岸以及美国华盛顿州海岸，其中10只发现于加拿大，4只发现于美国。截至2012年2月，只有6只人足得到辨识。其中，第一只海上漂足已被查明属于一名疑似患有抑郁症的不列颠哥伦比亚省男子；第三只海上漂足属于一名死于自然原因的21岁英国男子；第四只和第七只海上漂足属于一名妇女，其身份没有公布；第八只海上漂足属于一名被报告于2008年失踪、后查明死于自然原因的温哥华地区男子；第十一只漂足属于1987年失踪的

一名当地男子，那只登山鞋也是他在失踪时所穿。其余的海上漂足均未知属于何人。

这么多海上漂足的发现自然引起了人们的惊异和议论：它们来自哪里？属于什么人？为什么不见身体其余部分？人体尸骸能在海上漂流那么远、那么久吗？要回答这些问题并非易事，因为法医学家很难从海上漂足本身发现线索，这不仅是因为洋流有可能把包括"幽灵船"（请参阅相关链接《幽灵船》）在内的各种漂浮物带到很远的地方，还因为佐治亚海峡的洋流很难预测。人足有可能在海上已经漂移了上千千米，甚至有可能已经变成了尸蜡（请参阅相关链接《尸蜡》）。在最佳条件下，尸体能

在水中保持完整长达30年，这意味着这些海上漂足有可能已经漂浮了多年。

海上漂足一时成谜，并引发了人们的种种猜测。有人猜测一些海上漂足可能来自于船难或空难罹难者。2005年，一架飞机在温哥华岛东岸以外的夸德拉岛附近坠落入海，造成4名男子丧生，他们的遗骸迄今未找到，因此一些海上漂足有可能属于这些罹难者。有人认为至少有一部分海上漂足属于2004年12月26日印度洋海啸的遇难者，理由是海上漂足所穿的鞋子大多是在2004年或更早时候制造和销售的，而且来自2004年印度洋海啸的洋流有北上太平洋的终极倾向。还有人认为一部分海上漂足有可能属于跳桥自杀者。2011年11月，两只被冲上岸的人足得到辨认：它们属于2004年从不列颠哥伦比亚省新威敏市一座桥

尸蜡

尸蜡是一种蜡状有机物，由厌氧菌对生物组织中的脂肪（例如尸体脂肪）的水解作用而形成。在尸蜡形成过程中，腐败物被一层由脂肪等构成的永久性的硬壳替换。

1658年，英国科学家托马斯·布劳恩率先描述了尸蜡："在10年前埋葬于一个教会墓地的一具水肿尸体上面，我们看见了凝固的脂肪——土壤中的硝石、盐以及尸体的浸出液凝结了大块大块的脂肪，把它们变得与最硬的橄榄香皂一样硬。"

17世纪，随着显微镜的广泛应用，形成尸蜡的化学过程——皂化开始被认识。意大利外科医生奥古斯都·格兰维尔（1783-1872）据信在不经意间把来自木乃伊的尸蜡做成了蜡烛，并且用它们为他的一次木乃伊解剖公开课照明。

尸蜡易碎，不溶于水，大部分成分是饱和脂肪酸。尸蜡根据形成于白色还是褐色的尸体脂肪而呈灰白色或棕褐色。尸蜡能帮助估计死者的体形和面部特征，还能让死者的伤口完好保存。由于尸蜡的保存作用，一名13世纪婴儿的左脑细节在20世纪仍清晰可辨。

无论是对经过还是未经防腐处理的尸体而言，在冷、湿环境（例如湿地、湖底或密封的棺椁）中的缺氧条件下，脂肪都容易转变成尸蜡。人死后一个月内尸蜡就开始形成，在没有空气的条件下，尸蜡形成过程可持续几百年。而对害虫大批出没、又暴露在露天环境中的尸体，或者暴露在温暖环境中的尸体来说，是不可能形成尸蜡的。

英国科学家托马斯·布劳恩在1658年率先对尸蜡进行了描述

妇女、婴儿和肥胖者的尸体尤其容易形成尸蜡，这是因为他们的身体包含更多的脂肪。对法医来说，通过尸蜡估计死亡时间可能是不准确的，因为尸蜡的形成速度依赖于温度条件——如果较温暖，就会加速尸蜡的形成；但如果温度极端，则会阻碍尸蜡形成。

上跳海自杀的一名女性。当然，也有人认为海上漂足是恶作剧，因为尸体有可能被缚上重物沉到海底，随着尸体自然腐烂，脚部就会脱离尸身浮上海面漂移。

不同寻常但也并非罕见

这些海上漂足究竟来自何方？至今没有答案。的确，只发现腿脚而未发现尸体其余任何部分，这让人感到不同寻常。有昆虫学家指出，虽然手脚和头颅经常会因为尸体在水中腐烂而与尸身分离，但它们很少会漂浮。还有人从统计学上推论：一个人的双脚成为海上漂足并且都被找到的概率只有100万分之一。因此，海上漂足被认为是一种"非常异常"的现象。

不过，在海上或海滩上发现人类遗骸也并非罕见。遗骸有可能来自于失踪者，比如从船上坠入海里的人。还有，风暴有时会侵蚀古老的埋葬地，把遗骸冲到海上，然后漂流到海滩上。普努克群岛就是一个例子。这个孤悬在太平洋上、由三座小岛组成的群岛让人深感不安——它们所在的特定位置使得它们被迫遭遇白令海（在俄罗斯堪察加半岛和美国阿拉斯加州之间的海）洋流的正面袭击，而洋流给它们带来的是所有形式的天然死亡物质，包括人类骨骸，普努克群岛因此成为一座"天然墓园"，有科学家就曾经在岛上的各种动物的骨骸中间发现了两具彼此紧挨着的人头骨。两具人头骨为什么会在一起？是什么原因让它们的命运缠结在一起？至今尚无答案。

在加拿大和美国海岸连续、集中地发现海上漂足，引起了国际媒体的极大关注，也激发了影视片编剧的灵感。在一部名叫《海滩人足》的美国电视剧

小图：普努克群岛上的动物尸体
大图：普努克群岛上的两具紧挨着的人头骨

中讲述：有人在美国和加拿大边境的一个海滩上发现了一组人足，最终查明它们是被海水从一个尸体农场（请参见相关链接《尸体农场》）冲刷到海滩上来的。当然，如果海滩周围有尸体农场，那么这个故事就有可能为真。

尸体农场

尸体农场是致力于调查人类尸体在不同环境条件下的腐烂过程的研究机构，调查目的是研发从遗骸获取死亡时间、死亡状况等信息的技术。这类研究对法医学贡献卓著。目前在美国一共有五个尸体农场，其中由得克萨斯州大学在弗里曼农场运营的尸体农场最大。

最早的尸体农场是由田纳西大学人类学研究所的人类学家威廉·巴斯博士于1981年底创建的，目的是帮助警方侦测与尸体腐烂有关的案例。每年有超过100具遗体被捐献给该农场，其中一些人在去世前就进行了预约，另一些人则是由家人或验尸员送来的。迄今，已有超过1300人预约在自己去世后把遗体捐献给巴斯的尸体农场作研究用。

得克萨斯州大学的尸体农场由巴斯博士的一名前学生主导。它原定的地址并不是弗里曼农场，但由于当地居民反对，而附近的机场也以尸体农场会引来秃鹰盘旋而反对它，所以它最终改址为弗里曼农场。原本被认为是问题的秃鹰最终提供了一个新的研究领域——秃鹰食腐对尸体腐烂的影响。

幽灵船

对人足或人的尸体、尸骸能否在海上长距离、长时间漂浮，科学家目前还只能猜测。但空无一人的船只——所谓的"幽灵船"在海上长久、长距离漂移，却是确凿的事实。

1952年5月，美国海岸警卫队的一份刊物报道，在1947年6月至1948年2月初之间的一天，正航行于马六甲海峡的美国船只"巴尔迪莫城市号"和"银心号"及其他船只，都收到了来自荷兰商船"棉兰人号"的求救信号。"棉兰人号"上面的无线电话务员说，很可能除了他（话务员）之外的船上所有人，包括船长及船上所有官员都死了，而他自己也很快就要死了。当前往救援的"银心号"船员最终找到"棉兰人号"并登上这艘船后，发现船上到处都是尸体，其中包括一只狗。尸体的姿势看上去都很恐怖，但尸体上均无伤痕。没有发现任何幸存者。不久后，船上的货舱起火，登船人员不得不紧急撤离。很快，他们看见"棉兰人号"爆炸并沉没。

名副其实的"幽灵船"——"鱼运丸号"

有人推测，"棉兰人号"可能卷入了氰化钾、硝酸甘油甚至战争用的神经毒剂走私。海水可能进入货舱，与货物反应释放毒气，导致船上人员窒息或中毒死亡。之后，海水与硝酸甘油反应，导致起火爆炸。还有人推测，"棉兰人号"的锅炉系统失灵或发生了未被觉察到的闷烧，逃逸的一氧化碳造成了所有船员死亡，船也最终被毁。更有灵异论者大肆炒作这次事件，说什么当时有飞碟出现，而这能解释死者的表情为什么会如此恐怖。

如果说"棉兰人号"事件太过久远，那么下面是一个最新的例子。

"鱼运丸号"是建造于1981年的一艘日本渔船，由北海道一家渔业公司用于捕捞海虾和鱿鱼。经过长时间服役后，它因太旧而被停用，停泊在日本中部最大的岛屿本州岛等待转让。2011年3月11日，特大地震及海啸袭击日本东北部地区，"鱼运丸号"被海浪卷走。人们以为"鱼运丸号"已经沉没，船主也已经注销了它。

然而，2012年3月20日，加拿大军用飞机在加拿大海域发现了"鱼运丸号"——离港一年多以来，"鱼运丸号"作为一艘"幽灵船"一直在太平洋上漂移。2012年4月4日，当"鱼运丸号"漂浮到美国阿拉斯加州锡特卡西南大约310千米的海域时，美国海岸警卫队从巡逻艇上扔下跟踪浮标监视它。2012年4月5日，一艘加拿大渔船试图拯救"鱼运丸号"，但没能成功。美国海岸警卫队随即决定，击沉"鱼运丸号"，以阻止它搁浅或威胁正常的航运。于是，美国巡逻艇用大炮轰击"鱼运丸号"，让它最终沉没于阿拉斯加湾的1800米深的海底。

著名"幽灵船"——"棉兰人号"

漂来的码头

2012年6月初，在2011年3月特大地震海啸中脱离日本三泽市港口的一块码头在历时一年多、航程8000千米的海上漂流后，抵达美国俄勒冈州海岸，被当地媒体形容为"外星母船降临"。这块长20米的码头上面覆盖着共100吨重的亚洲蟹、海星、海藻、海胆、藤壶、海蜗牛及其他生命形式。

没有辐射　虽然这块码头的模样已变得很丑陋，但没有检出核电站辐射。日本政府估计，大约500万吨残骸在这场特大海啸中脱离原地，其中大约150万吨的去向仍不明。

害群之马　在这块码头上至少有50种生物是此前从未漂洋过海的。例如图中的若芽海带，炖汤很美味，却是一种繁殖迅速的入侵生物，美国加州深受其害。

鹅颈藤壶　外来生物如图中的鹅颈藤壶（木船底、码头木桩上的海生物）对美国西北海岸来说并不陌生。外来物种不仅会破坏当地生态，还会损害当地经济。

难得机遇　科学家尚未能辨识完这块码头上的各种生物，包括图中的红海葵。这么多生物入侵也不全是坏事，例如它为了解生物大规模入侵提供了一个百年难逢的机遇，比如：在如此漫长的漂流中，哪些生物能活下来？哪些则不能？

亡羊补牢　工人用火炬焚烧这块满载外来物种的入侵码头。此举只能算亡羊补牢，因为当这块码头被冲上俄勒冈海滩时，其底部的生物已被擦刮到海水中。

（刘安立）

HAITAN MISHI
海滩谜尸

  1948年12月1日，在澳大利亚阿德莱德市的一个海滩上，人们发现了一具男尸。自那以后60多年中，关于这具男尸的身份、年龄、死因等，虽然不断有新的线索、新的推测出现，却始终没有找到确切答案。2011年10月，有人根据最新线索，提出发掘这具尸体以进行DNA鉴定的请求，但遭到了澳大利亚总律师的拒绝。这桩被称为"澳大利亚有史以来最大谜案"和"世界十大谜案"之一的案件，再次引起公众的关注。

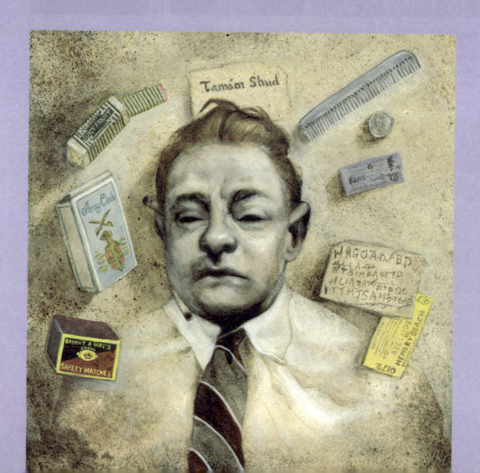

并非自然死亡

病理学家约翰·克里兰对这具无名男尸进行了检查。他发现，该男子具有英国人的特征，身高180厘米，死亡年龄在40～45岁之间。死者的衣着高档。在他死前一天当地天气炎热，可他却穿着褐色套衫和时髦的欧式灰褐色双排纽扣外套。令人奇怪的地方还有，在他所穿衣服上不见任何标签；他没戴帽子，而在当时的澳大利亚，戴帽子是一种时尚，几乎人人都戴帽子。此外，他的胡子刮得很干净。

警方很快到达现场。警方在死者的衣服口袋里发现了一张汽车票，是从阿德莱德市前往格雷尔沙滩上的圣里昂纳多站的。圣里昂纳多站距离尸体发现地只有大约1100米。警方还在死者的上衣口袋里发现了一包"军队俱乐部"牌香烟，不过里面装的是当时仅在英国有售的"肯西塔"牌香烟。另外还有铝梳、口香糖、火柴等。

尸检表明，该男子的死亡时间是1948年12月1日凌晨2时左右。尸检报告说，"死者心脏大小正常，其他各方面也都正常……通常在大脑中观察不到的小血管，现在很容易观察到充血。咽喉部位也充血，食道黏膜浅层变白，中段有一块溃疡。胃深度充血，十二指肠下半段也充血。胃中食物里混有血。双肾充血。肝脏血管里有大量多余的血。脾脏很大，是正常大小的三倍。在显微镜下，可观察到肝小叶中部受损……总之，急性消化道出血，肝脏、脾脏和大脑广泛充血。"

在死者胃内，除了他在死前3～4小时吃的最后一餐——馅饼外，未见任何异物，经化验确定馅饼无毒。

验尸官既没能确定死者的身份和死亡原因，也没能确定1948年11月30日晚在沙滩上被发现还活着的那名男子就是死者。

1948年12月2日，当地媒体报道说，1日早晨发现于萨默顿海滩的男性死者是当地的45岁男子E.C.约翰逊。可第二天，约翰逊本人就到警署证明自己没死。1948年12月4日，警方宣布，死者的指纹与南澳大利亚州（澳大利亚南

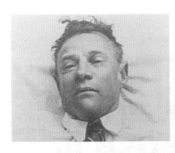

↑萨默顿海滩谜尸

萨默顿海滩上发现神秘男尸的地点（用叉号标出）➡

部州，首府是阿德莱德）警方掌握的所有指纹都不匹配。

当死者的照片在报纸上公布后，有许多人称认识或见过此人。到1949年2月，关于死者身份已有多种猜测，包括伐木工、马厩帮工、船工、瑞典人、澳大利亚维多利亚州人等。截至1953年11月，警方一共收到了251个辨认报告，但都不能确认死者身份。那么，死者究竟是谁呢？

手提箱中的重要发现

此案调查的一个转机出现在1949年1月。阿德莱德火车站的工作人员发现了一只在1948年11月30日中午11时过后存入该车站寄物处的褐色手提箱。箱子上的标签已经被人取走，箱子里装有衣物和刀等用具。奇怪的是，衣物上的可辨识标志也几乎都被移除，警方只在一条领带、一只洗衣袋和一件汗衫上发现了"T.Keane（基恩）"或"Keane"字样，另外还发现了三个干洗记号：1171/7、4393/7和3053/7。警方相信，不管是谁取掉了衣物上的标签，他都是故意留下"Keane"标签的。

在箱子里发现了一卷"巴伯"牌的橘色蜡线，这成为一个重要线索。警方正是根据这卷当时在澳大利亚没有销售的蜡线，确认这只箱子的主人是萨默顿海滩死者，因为死者的一只裤兜就是用这种线缝补的。

然而，警方并未找到一个名为"T.基恩"的失踪者，在全澳大利亚对三个干洗记号展开的调查也没有取得任何结果。从这只手提箱里得到的最有价值的线索，是一件当时只在美国才生产的外套，因为只有美国才拥有制作这种有着三角形衬料和羽状绣花针迹的外套的缝纫机，而且制作时需要定制者试穿，在澳大利亚也没有进口。警方据此认为，死者可能在美国待过。

左图：死者留在阿德莱德火车站的手提箱，里面有一些让人费解的东西，包括螺丝刀、尖刀、刷子等

右图：阿德莱德火车站。死者生前曾在此停留

警方检查了火车记录，发现死者是乘坐隔夜火车从墨尔本、悉尼或奥古斯塔港（南澳大利亚州第五大城市，位于阿德莱德以北322千米）来到阿德莱德的。警方推测，抵达阿德莱德后，他在火车站附近的"都会浴室"洗了澡，刮了胡子，然后返回火车站购买了上午10时半发车前往亨利海滩的车票。可不知为什么，他错过了这趟列车。他把手提箱放进车站寄存处，然后改乘汽车前往格雷尔沙滩。

再次验尸

1949年6月17日，法医病理学家约翰·克里兰再度检验了这具尸体，并得到多项发现。根据死者的鞋子很亮，不像是在沙滩上溜达一整天后的状态，在死者身上未发现中毒的主要症状——呕吐和痉挛，以及相关证人不能确定他们头晚所见的那名男子就是第二天早晨发现的死者。约翰·克里兰认为不排除该男子死于他处、然后被移尸海滩的可能性，而阿德莱德大学生理学及药物学教授斯坦·希克斯则指出，某些药物即使低剂量使用毒性也很大，而且很难检出。他还指出，中毒后不出现呕吐症状并非没有前例。

既不能确定死者身份，又无法知晓其确切死因，此案在当时被警方称为"前所未有的悬案"。当时澳大利亚媒体指出，既然连专家也难以检测出毒杀此人的毒药，说明他本人（如果他死于自杀）或者凶手（如果他是被人毒杀的）拥有高深的毒物学知识，这就暗示这不是一起通常所见的家庭中毒案，情况可能要复杂得多。

隐藏在《鲁拜集》中的"秘密"

在调查时，警方还在死者所穿外裤的一只表口袋里发现了一小片卷起的纸，上面印有"塔曼""舒德"字样。经图书馆专家确认，这两个单词来自于古波斯诗人莪默·伽亚谟所作的长诗《鲁拜集》的最后一页，意思是"结束"。《鲁拜集》的主题是说一个人应该活到生命的最后，去世时要无怨无悔。

这张纸片是沿着两个单词的边很规整地裁剪下来的，纸片的背面是空白的。警方在全澳大利亚寻找这本《鲁拜集》，并将纸片的照片向公众公布。很快就有一名医生报告说，他发现了一本由英国诗人兼翻译家爱德华·菲茨杰拉德

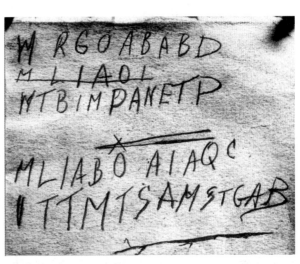

至今未破译的"《鲁拜集》密码"

翻译、新西兰维特科布·图姆斯公司出版的《鲁拜集》，是于1948年11月30日晚在他的汽车后座上发现的，当时车门未锁，就停放在格雷尔沙滩上。

医生发现的这本《鲁拜集》的最后一页上正好缺失"结束"二字，这一页的背面也是空白的。经显微镜比对后最终确认，死者裤子表口袋里的小纸片正是从这本书上裁剪下来的。《鲁拜集》中最后一首诗在"结束"二字之前的诗句是："你闪亮的双足将经过/草地上星星点点的宾客/在你前往目的地的快乐使命中/放下你的空酒杯！"

警方在这本书上有了新的发现：用铅笔写的五行模糊的大写字母。警方怀疑这是一种密码，并请来密码专家进行破译，但未成功。1978年，澳大利亚国防部人员对这些字母串进行分析后作出结论："没有足够的符号来提供一个模式，这些符号有可能构成复杂的替换式密码，但也可能只是一个内心不安者的毫无意义的涂鸦。不可能提供一个令人满意的答案。"

警方还在这本书上发现了一个电话号码，经调查，是家住格雷尔地区莫斯利街的一个女子的家庭电话号码，她家位于尸体发现地以北约800米。该女子在"一战"期间当过护士。她在回答警方询问时说，1945年，她在悉尼一家医院工作，当时曾将一本《鲁拜集》送给在澳大利亚海军运输部服役的阿尔弗雷德·伯克萨尔中尉。她在战后搬到墨尔本居住，并在那里结了婚。她说自己曾收到伯克萨尔寄来的一封信，但她回信说她已经嫁人了。1948年底，她听邻居说

有一个神秘男子曾打听过她。在看到萨默顿海滩死者的半身石膏像时，她露出了惊讶的神色，但随即又说此人不像伯克萨尔。

警方一度相信萨默顿海滩死者就是伯克萨尔，但后来发现伯克萨尔不仅活着，而且还拥有一本完整的《鲁拜集》，最后一页上也不缺"结束"二字。在这本《鲁拜集》的扉页上，那位女护士抄写了该书的一句诗："我曾经一而再一而再地后悔/我发誓——但我发誓时清醒吗？/春去春又来，手执玫瑰/我的后悔已四分五裂。"

这名女子对警方说，她不认识萨默顿海滩死者，也不知道他为何会选择在他的死亡之夜来到她家附近。她要求警方为她保密，因为她已经结婚，不想因牵扯上死者或伯克萨尔而蒙羞。警方对此表示理解，也这样做了，却让后续调查可能因此失去了一个非常重要的线索。

在有关此案的一个电视节目中，主持人提到了这名女子的名字——"捷丝婷"，这是她送给伯克萨尔的那本《鲁拜集》的扉页上的签名。但"捷丝婷"很可能不是她的真名。"捷丝婷"已于2007年死亡，密码专家认为她的真名很重要，根据她的真名有可能破译那段密码。

愈演愈烈的间谍论

很快就有传言说，伯克萨尔在战争期间与军事情报部门有关。甚至还有人猜测，萨默顿海滩死者是一名被毒死的苏联间谍。1978年，澳大利亚广播公司制作了名为《萨默顿海滩之谜》的电视

节目，伯克萨尔在节目中接受了采访。主持人问伯克萨尔："遇到'捷丝婷'以前，你是否一直都在为情报部门工作？你是否对她说起过这件事？"伯克萨尔回答说："没有。"主持人又问："她是否可能了解这些事？"伯克萨尔回答说："除非有人告诉她。"主持人接着问："此案是否与间谍有关？"伯克萨尔稍作停顿后说："这真是一个富有戏剧性的话题，不是吗？"

由于死者的发现之地阿德莱德距离伍默拉很近，而伍默拉是一个绝密的导弹发射地，于是间谍之说愈演愈烈。这里不能不提到一件事：1947年4月，美国军方发现，有关美英两国针对苏联制定的代号为"薇诺娜"的谍报行动的顶级机密，从澳大利亚外交部流入苏联大使馆。这件事导致美国在1948年禁止一切机密材料进入澳大利亚。作为回应，澳大利亚政府宣布：建立国家安全情报组织。

旅馆的第21号房间，并于1948年11月30日（即发现萨默顿海滩死者之日）结账退房。清洁工打扫卫生时，在房间里发现了一只黑色药箱和一个皮下注射器。1959年11月22日，新西兰一所监狱的一个囚犯声称知道萨默顿海滩死者的身份，但他的说法随即被否定。

自发现这具尸体，几十年来，有许多人试图破译那本《鲁拜集》上面的"密码"，其中包括军方情报人员、数学家、星相学家和业余密码爱好者等，但他们的尝试都告失败。

1994年，维多利亚州大法官兼该州法医研究会会长哈勃·菲利普斯重启此案调查并作出结论：萨默顿海滩死者极可能死于洋地黄中毒。他的依据是，死者的脏器肿大，与洋地黄中毒症状相符合。巧合的是，1948年8月16日，也即萨默顿海滩死者死亡之前三个月，有报道称，美国财政部长助理德克斯特·怀特死于过量服用洋地黄，他当时被指控在"薇诺娜"泄密事件中充当了苏联间

后续调查

警方再次检验萨默顿海滩死者尸体后，为他制作了一个石膏半身像，随后把他葬于阿德莱德的一座墓地中。几年后，警方发现有人向这座墓献花。几乎与此同时，阿德莱德火车站对面一家旅馆的女接待员报告说，在萨默顿海滩死者死亡时间前后，一名神秘男子住进该

1949年6月14日，人们为萨默顿海滩死者下葬

谍。

2004年，退休侦探盖里·菲尔特斯声称自己可能破译了"密码"的最后一行字（"ITTMTSAMSTGAB"），它可能代表一个英文句子："It's Time To Move To South Australia Moseley Street…"（"转移至南澳大利亚州莫斯利街的时候到了"）。而"捷丝婷"正是居住在莫斯利（Moseley）街。

两桩疑似关联案

在萨默顿谜尸案发生前后，还发生了两桩疑似关联案。

1945年6月，也就是萨默顿谜尸案发生前三年，34岁的新加坡男子约瑟夫·马歇尔被发现死于悉尼的莫斯曼，胸口上放着一本打开的《鲁拜集》。他被认为是服毒自杀。巧合的是，马歇尔死后大约两月，"捷丝婷"就在克利夫顿花园给了伯克萨尔一本《鲁拜集》，而克利夫顿花园距马歇尔死亡之地莫斯曼不过1千米。更蹊跷的是，1945年8月15日，在约瑟夫·马歇尔的死因庭审上，一个名叫格温妮丝·多萝西·格雷厄姆的女子出庭作证，但13天后，她被发现割腕自杀，面朝下裸死在浴室里。

1949年6月6日，两岁男孩克里夫·曼格隆森的尸体在拉格斯湾沙山上的一只布口袋里被发现，而他的父亲凯斯不省人事地躺在他的旁边。发现地距离萨默顿海滩大约20千米。曼格隆森父子于四天前失踪。与萨默顿海滩谜尸一样，验尸官无法确定小曼格隆森的死因，但相信他不是死于自然原因。

小曼格隆森的母亲在儿子死后向警方报案说，一个蒙面男子差点驾车撞死她，男子还停车恐吓她："离警察远点儿！"她还说，出事前有个男子曾在她家附近出没。她相信一切缘起于她丈夫帮助警方辨认萨默顿海滩死者，她丈夫相信死者是曾和他一起工作的某人。

这些疑似关联案让萨默顿海滩谜尸案更加扑朔迷离。前南澳大利亚州总警司伦·布朗在20世纪40年代曾参与萨默顿海滩谜尸案调查，他相信这名死者来自苏联阵营国家，并认为这就是澳大利亚警方无法查到此人身份的原因。

最新进展

不久前，由阿德莱德大学教授德雷克·阿尔伯特领头的一个调查队，也尝试通过破译密码来破解萨默顿海滩谜尸案。专家们使用计算机对《鲁拜集》中的疑似密码的英文字母进行统计分析，已经确认其字母频率与随机书写的字母频率明显不同。下一步，他们打算弄清楚书写者在醉酒状态下是否会改变字母的随机分布。密码格式看来符合《鲁拜集》的四行诗格式，这意味着这有可能是一种一次性加密方法。

相关的解剖学研究也有了新的进展。阿德莱德大学解剖学教授赫恩伯格对萨默顿海滩死者的照片进行的研究发现，死者的耳甲艇大于耳甲腔，这一体征只为1%～2%的高加索人拥有。2009年5月，牙科专家认定，萨默顿海滩死者的两侧切牙患有先天性无齿症，这是一种罕见的遗传性疾病，只有2%

的人可能患此症。2010年6月，阿尔伯特对"捷丝婷"的儿子（生于1947年，死于2009年）的照片进行的研究发现，他的耳甲艇大于耳甲腔，且患有先天性无齿症。这与萨默顿海滩死者的情况是一致的，而且两者纯属巧合的概率仅为1/20000000～1/10000000。有专家猜测，"捷丝婷"的儿子很可能是"捷丝婷"与伯克萨尔或萨默顿海滩死者的私生子。之后，阿尔伯特提出挖出萨默顿海滩死者尸体进行DNA鉴定的请求，但遭到了澳大利亚总律师的拒绝。

2011年10月，赫恩伯格教授在一张旧身份卡上发现了新的线索。这张身份卡是一位阿德莱德妇女从她父亲的遗物中发现的，是"一战"期间由美国签发给海外水手的。赫恩伯格将此卡上的照片同萨默顿海滩死者的照片进行对比，

发现两者除了年龄存在明显差异外，鼻子、嘴唇和眼睛等解剖结构都相似。更奇特的是，两者的脸上都长有一颗痣，且形状和位置是一样的。

这张身份证是在1918年2月28日签发给一个名叫"H.C.雷诺兹"的人的，身份证上此人的国籍是"英国"。可是，在美国国家档案馆、英国国家档案馆和澳大利亚战争纪念研究中心进行的联合调查中，未发现与"H.C.雷诺兹"相关的任何记录。

澳大利亚警方表示，将继续追踪这些最新线索，期望萨默顿海滩谜尸案最终能水落石出。

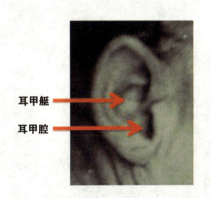
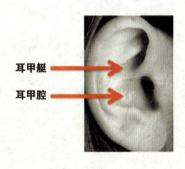

左为萨默顿海滩谜尸的耳朵，其耳甲艇比耳甲腔大。右为一般人的耳朵，其耳甲艇明显小于耳甲腔。萨默顿海滩谜尸的耳型只为1%~2%的高加索人所拥有，因此成为确定他的身份的一个重要线索，他的任何亲戚都可能拥有这一体征

（刘声远）

348 HAO FANGJIAN MI'AN

348号房间谜案

"优雅"旅店的一具尸体，令美国得克萨斯州博蒙特城警方困惑不已。他们找不出人缘很好的石油经纪人格雷格·弗雷伊肯的死因，或者说他被杀的动机。弗雷伊肯的遗孀苏希一心要找到凶手，于是她求助私家侦探肯·布伦南。那么，布伦南能破解这桩谜案吗？

案发地——美国得克萨斯州博蒙特城"优雅"旅馆

格雷格·弗雷伊肯很爱整洁。虽然经常出差，但他总是把旅行拉杆箱摊开放在旅馆房间里，脏衣服放在壁橱底层，衬衣挂在最上面的衣杆上防皱，洗漱用品放进折叠布袋，挂到浴室的架子上。一天的忙碌后，他会脱下皮靴，整整齐齐地放在拉杆箱旁边，牛仔裤则脱下放在地板上，然后穿上棉制睡衣裤。

大多数晚上，弗雷伊肯都一直待在旅馆房间里。他喜欢开空调，因为他希望夜间能凉爽一些。他习惯坐在床上，身子靠在两个枕头上，枕头则靠在床头板上。为了避免弄脏床单，他会把一张干干净净的白手巾摊开放在床上，把烟灰缸、香烟、打火机、手机、电视遥控器和糖果饼干放在手巾上。2010年9月15日，一个星期三的晚上，弗雷伊肯就是这样待在得克萨斯州小城博蒙特的"优雅"旅馆的348号房间里的。他懒洋洋地躺卧，吸烟，吃饼干，喝啤酒，看连续剧《铁人2》。

弗雷伊肯已经习惯了孤独的夜晚。年轻时，他在海船上当工程师，在海上一待就是好几个月。进入中年，他变身租地人，实际上是为石油和天然气开发商提供各种服务。这在得州是个常见职业。不胖不瘦的弗雷伊肯蓄着短短的白胡子，皮肤因为他长期的户外生活而饱经风霜。他和弟弟迈克尔合伙，在大都市休斯顿以东的这座小城博蒙特开了

一家生意兴旺的油田租赁公司。每天早晨，他从美国路易斯安那州拉斐特的家中驾车出发，穿越10号州际公路，沿途经过海岸农场、手机信号差转塔、油井架、汽车旅馆连锁的一连串广告牌、一家又一家海湾餐馆和其他各种"景点"。"优雅"旅馆正好在立体交叉公路外面。弗雷伊肯租住的是该旅馆侧楼三楼的一个房间，这幢侧楼环绕一个小游泳池，池边栽着棕榈树。

那个周三的晚上7时刚过，弗雷伊肯在看电视时接到了妻子苏希发来的电子邮件，那是她用电脑软件做的税单。弗雷伊肯回复她："干得真不赖，宝贝儿。"看到《铁人2》的结尾时，在电视里的打杀声中，弗雷伊肯遭到重重一击。这让他痛不欲生。他跟跄着下床，朝着房门而去，但还没走到门前就倒下了，而且是脸先着地，双腿伸开。事实上，当他的脸碰到绿色的地毯时，他很可能已经死了。

次日晨，苏希打电话到丈夫的办公室（在"优雅"旅馆外面）。这对夫妻常在早晨通话。但这次弗雷伊肯没接电话。发现他没来办公室，他的两个同事开车来到旅馆，敲他的房门。无人应答，于是他们让旅馆经理来开门。他们的报警电话召来了一辆救护车和一些警员。警方发现一名中年人的尸体面朝下

卧倒在地，身子弯曲，一根抽过的香烟优雅地夹在左手的两根僵硬指头之间。房间里非常闷热，死者的皮肤已呈灰绿色，睡衣裆部有湿斑，但这并非不正常——中年男性的前列腺问题，常常会造成尿不干净。

警探司各特·安波来到现场，但没发现什么令人感兴趣的东西。没有入室行凶或打斗的迹象。房间里的任何东西都没乱。没有血迹或明显的伤口。弗雷伊肯的钱包依然在他的裤袋里，里面装着一叠100美元的钞票，因此基本排除这是一桩抢劫案。那些住在附近房间里的人，也没听到任何声响。当安波询问这些人时，他对他们说这很可能是一起"自然事故"。他翻开弗雷伊肯的每一个皮包，主要是想查找药品，但没有查到。苏希和迈克尔后来告诉他，弗雷伊肯从未看过病。事实上，弗雷伊肯个性极强，他不相信任何医术，也不主动进行任何的体能锻炼。他的烟瘾很大，因此饱受咳嗽折磨。他不暴饮暴食，但什么都喝，什么都吃。像这样的人，突然死亡或许是一种惩罚。苏希虽然很悲痛，但接受暴死对弗雷伊肯来说是一种可能性。她曾多次听到大夫对那些突然死亡的人如此评价："幸运的家伙。我要是这么幸运就好了。"

在旅馆现场，警方相信这是一起正常死亡。摄影师为现场照相后，尸体被运去接受尸检。死因看来只是一种健康原因。负责尸检的是杰斐逊县法医汤米·布朗。他有一种经过时间检验、行之有效的验尸办法。只需45分钟他就能完成尸检：一边检查尸体的里里外外，测量和称量器官，一边描述自己的检验结果和依据。在杰斐逊县，布朗法医广受尊敬，他的结论常常是法律的代名词。

躺在尸检台上的弗雷伊肯，是一名55岁、形态完好的高加索男性。经过仔细检查后，布朗在这具尸体的左脸上发现了一个直径2.5厘米的刮伤，这里正是弗雷伊肯的脸坠在地毯上的部位。但奇怪的是，死者阴囊上有一道长约1.2厘米的裂口，而且阴囊本身肿胀、变色，伤口附近有少量水肿液体。一道挫伤从腹股沟区域延伸到右臀。如此看来，一定有某种东西重击了死者。

当布朗剖开尸体的胸腹部时，他发现了大量血和大面积内伤。他从死者肠道提取了半消化的食物样本，并发现死者的胃和肝有裂伤，两根肋骨骨折，右心房有一个洞。这些内伤表明了多重伤害：弗雷伊肯应该是被殴打或重压致死的。布朗还下结论说，死者胯部的伤很可能是遭遇重重一踢而造成的。他的胸部也被重重一击，并且导致致命损伤。死者当时可能在不到30秒时间内鲜血迸发。在验尸报告中的"死亡原因"一栏，布朗填上了"凶杀"。得到这个惊人消息后，安波警探立即要布朗前来解释。布朗对他说，348号房间的死者死前遭遇了非常类似事故遇难者所受内伤那样的伤害，或者类似被重物压死者那样的致命伤。

博蒙特城的谋杀案并不多，每年平均大约10起，其中大多数都不神秘。侦探工作常常很无趣——问讯死者的手中拿枪还醉酒的男友，或者查找欠了死者钱的毒贩……但像弗雷伊肯之死这样的案子，安波警探干了这么多年本职工作还是头一次碰到。对他来说，破解此案是一项激动人心的挑战。在接下来的半年里，他从自己能想象到的每个角度去多方查找弗雷伊肯之死的线索，但都无功而返。

生理证据简直说不通。莫非弗雷伊肯在别的地方被殴打致死，尸体随后被送到他的房间，并且仔细地放在地上？一个人为什么被打得肋骨骨折、内部脏器撕裂、心脏破裂，躯干却并无明显损伤？除了挫伤和胯部裂口，弗雷伊肯的体表根本不见任何殴打痕迹。此外，如此一番嚷闹，却未造成旅馆房间里任何东西打翻、移位，相邻房间里也没有任何人听见动静？

还有一个至关重要的问题没有答案：弗雷伊肯为什么会惨遭毒手？他看来没有任何敌人。安波警探和苏希谈了很多。她在20多岁时认识了弗雷伊肯，当时她是一个摇滚乐队的主唱。她明显很喜欢弗雷伊肯。她是个喜欢标新立异的南方美女，性情有点固执。丈夫死于非命后，她很悲伤，也很愤怒。她说弗雷伊肯是她遇到过的最好的人，好得她和他结了两次婚——第一次她还很年轻，第二次是在他们分手多年后，两人都成了中年人。当他们分手后苏希第一次打电话给弗雷伊肯时，他说："我一直在等你的电话。"他们第二次结婚后已经过去15年。

弗雷伊肯的弟弟迈克尔和同事都说，弗雷伊肯在他们的公司里人缘很好。他在"优雅"旅馆的生活很简单。他每晚回旅馆都很早，通常独自一人在旅馆里待到早晨。从未有人见过弗雷伊肯到楼下酒吧消遣。他不喜欢社交，不酗酒，也不与除妻子外的女性勾搭。那么，弗雷伊肯之死就不与醉酒有关，也不与风流事惹出的是非有关。然而，尽管弗雷伊肯最不属于可能遭谋害者，却有人对他下了毒手。

从2010年秋季到冬季，安波设想了弗雷伊肯案的各种可能性。维修记录显示，弗雷伊肯死亡当晚，他在用微波炉爆玉米花时不小心熔断了电路保险丝。断电影响到隔壁的349号房间和楼下的房间。弗雷伊肯打电话到前台，向维修工人报告断电，并坦诚自己的愚笨。这名维修工有过性犯罪前科，那么他是否与弗雷伊肯身上的奇怪外伤有关？安波花了大量时间与维修工谈话，还详细调查他的背景，但没有发现他与本案有关的任何证据。

第二种理论涉及一组暂住"优雅"旅馆的电工。他们当中一些人在弗雷伊肯死亡当晚就住在349号房间，即弗雷伊肯的房间隔壁。由于在当地的工作没干完，他们继续住在"优雅"旅馆。到了夜晚，他们喜欢聚集在一个房间里喝酒。如果断电时，他们当中恰好有人在弗雷伊肯的隔壁喝酒，情况会怎样呢？他们当中会不会有一人或多人踢开弗雷伊肯的房门，醉醺醺地大动干戈，与弗雷伊肯没说几句话就把他拖出房间，在过道里对他拳脚相加？会不会挨了一顿暴打的弗雷伊肯回到房间后瘫倒、死亡？在发现弗雷伊肯死亡当晚，一些电工受到讯问，但他们都说没与348号房间的住客交往过。

在弗雷伊肯死亡9天后，安波和一名同事重回案发房间所在楼层，再度质询这些电工。安波当时携带了隐蔽式摄像机。这些电工见到他时都很友好，并表现出并不过分的好奇。其中一名电工兰斯·缪勒问："那伙计咋的了？"他和室友蒂姆·斯坦梅茨当时正好住在349号房间。"我也不知道。"安波答。"这正是我想弄清的。就好像有什么东西重重压在了他（弗雷伊肯）身上，或者发生了别的什么。我们只想知道，是不是有人当时听见了什么，或者是否有人知道他人当时听到了什么，或者是否有人与死者发生了纠葛。"缪勒和斯坦梅茨都没有什么线索可提供。他们说，他们当晚从酒吧里回房时听到隔壁房间有人咳嗽。至于安波说弗雷伊肯可能是被重物压死的，缪勒觉得很奇怪。他说："房间里没有特别重的东西呀。"

在楼下大厅里，安波和助手发现了另外3名电工——特伦特·帕萨诺、托马斯·埃尔金斯和司各特·汉密尔顿。他们都很友好并乐意帮忙。其中一人说，当他看到旅馆里出现医院用来移动病人的轮床，上面还有一具像是尸体的东西时，他首先想到的是这是个愉快的噱头——有人以如此方式送来一只巨型蛋糕，或者一个巨盘大餐。安波对此说："这倒是个好主意。"帕萨诺说，当晚他和缪勒及斯坦梅茨待在349号房间，但没看见什么。电工们都向警方提交了自己的驾照和手机号码。他们还会在博蒙特城待几个月，并且随时愿意向警方提供帮助。

几周过去了。几个月过去了。安波

仔细思考自己能想出的每种理论，包括苏希谋杀丈夫的可能性。他也怀疑过弗雷伊肯的弟弟兼合伙人迈克尔。然而，没有任何证据指向这两人。可是，直到2010年年末，安波依然备受此案困扰。为了发掘新的线索，弗雷伊肯的家人悬赏5万美元，但毫无反响。迈克尔雇用了来自休斯敦的一位私人侦探（此人也是一名前联邦调查局密探）。安波与此人谈过这桩案子。但之后再也没见过他。如此看来，此案是否将沦为一桩难以破解的冷案？

肯·布伦南在高尔夫球场上接到了苏希的电话。她很惊奇接听电话的正是布伦南本人。"我是肯·布伦南。""我的上帝！您没有秘书？"苏希的语气又激动又慌乱：大侦探在第一声铃响后就接

①弗雷伊肯在世期间与妻子苏希的合影
②旅馆录像显示，弗雷伊肯在遇害之前回到了348号房间
③案发当晚，弗雷伊肯因误操作导致房间断电
④断电后，348号房间的空调关闭，此后再未重启
⑤案发后，警方发现了348号房间的床上物品，包括香烟。死者弗雷伊肯左手手指间夹着这样的香烟，但他本是个右撇子

了电话。她语无伦次地对布伦南讲述了她的丈夫之死、验尸官的发现以及案件走入死胡同。布伦南要她发给他一些文件，她很快就发给了他。布伦南回话给她："你也得当心自己的安全。"

布伦南曾经是一名美国长岛警察和缉毒局密探，如今他在佛罗里达做私家侦探。这就是他2011年2月在高尔夫球场上接到苏希电话的原因。他已快满60岁，但身体依然健朗，还是一身很潮的南佛罗里达打扮。在弗雷伊肯暴亡后不久，年轻的律师朋友姬伊·谢尔曼向苏希和迈克尔提到了布伦南。和苏希一样，谢尔曼也对此案的调查很不满。谢尔曼想出了一种策略：控告"优雅"旅馆，以此作为私下调查弗雷伊肯案的手段。

在互联网上很容易找到布伦南。求助他的人让他应接不暇。他认真地对待求助者，仔细阅读案卷，寻找既让他感兴趣、又可能给他成就感的案子。弗雷伊肯一案之所以吸引到了他，不仅是因为这个案子很耐人寻味，而且也是由于破案线索很多——弗雷伊肯的家人、同事、旅馆客人和维修工等。对安波探员来说，这些线索都不新鲜，但对布伦南来说，它们都是有潜在希望的新线索。他知道，一双新鲜的目光对于一项棘手的案子来说，或许是最珍贵的东西。

2011年4月，布伦南造访拉斐特。他首先问了苏希大量很实质性、很直接又很难回答的问题，了解弗雷伊肯对婚姻的忠诚度，了解他们家的保险事宜，由此他确信苏希没有明显的杀夫动机。

"让我再问你一些事，案发现场有没有

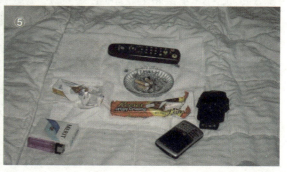

什么让你感觉不对劲的地方？"苏希告诉他，当弗雷伊肯的同事当天进入她丈夫的房间时，房间里温度很高，她对此很惊讶，因为弗雷伊肯晚上喜欢开冷气睡觉。

接着，布伦南回家。不久后，他重返博蒙特。安波与他见面，他对安波说起自己的工作成功之道："听着，我可不是个特立独行的人。我不打无准备的仗。如果我想搞定一件事，我注重的是团队合作。我要干什么，不会对你保密，也希望你不会对我保密。我不会把你的案子搞砸。你是这个案子的负责人，所以这是你的案子。"安波对布伦南的坦诚很有好感，他后来这样说："肯（指布伦南）很会社交。"

安波与布伦南见面次日，两人便一起造访案发房间。在这里，安波向布伦南出示犯罪现场照片和尸检结果，同时还讲述了自己在过去几个月中侦讯此案的情况。布伦南听得很仔细，然后他说："我想，我已经知道这个家伙是怎么死的。我也知道他的死亡时间以及谁杀死了他。我还知道，我们怎样去抓捕他（指凶手）。""快说呀！"安波迫切想知道这是怎么一回事。"听仔细。我会告诉你我的想法，但我首先得给这家伙（指弗雷伊肯）的老婆打个电话。"他拨通了苏希的电话："你丈夫是左撇子还是右撇子？""他是右撇子。""当他吸烟时，拿烟的是左手还是右手？""他总是用右手拿烟。""你肯定？""我肯定。"

布伦南挂断电话，然后向安波解释自己的结论。苏希已经告诉过他弗雷伊

肯怎样打理自己的住房，这有助于确定弗雷伊肯的死亡时间。在布伦南看来，弗雷伊肯死亡当晚，当保险丝熔断，348号房间里的空调就停转了。这个时间是已知的。旅馆记录显示，维修工离开弗雷伊肯所住房间的时间大约是晚上8时半，当时弗雷伊肯还好好的。房间里的电视随即恢复，但弗雷伊肯显然忘了重新打开空调。要过几分钟，房间温度才会明显升高，从而让弗雷伊肯注意到，而到了这个时候，弗雷伊肯已经死了。这就是他的尸体会被发现于一个温度高的房间里的原因。布伦南说："一到9月，博蒙特就热得要命。"

香烟排除了弗雷伊肯在别处遭殴打的可能性。就算弗雷伊肯在过道里这么近的地方遭殴打、然后返回348号房间的可能性也不存在。殴打现场在过道里，或许能解释为什么房间里一点没乱，但香烟排除了这种推测。要说袭击弗雷伊肯的人把他送回房，再在他的手指间插上一根燃着的香烟，就好像是他自己当时还在抽烟，这根本不可能。考虑到弗雷伊肯的心房破裂，他在遭到严重殴打后还能回房间，并且在瘫倒之前还能平静地点燃香烟，同样是不可能的。更可能的情况是，弗雷伊肯在遭遇不测之前自己点燃了香烟。但是，如果弗雷伊肯是右撇子，那么他死时为什么是左手拿香烟？布伦南在检验348号房间里的状态后推测，当时弗雷伊肯从床上起身向房门走去，把香烟从右手转移到左手，以便腾出右手去扭门把锁。

要想出这一点真的很难，但布伦南是一个很有耐性的人。罪案有可能是一

个谜，哪怕只有小小的一环扣不上，谜底就无法揭晓。破案也需要独辟蹊径，于是他愿意在看似不可能的方向追寻证据，哪怕暗示的结论看起来挺荒谬。证据暗示，弗雷伊肯不可能是在他自己的房间里被殴打致死的。然而，他确实死在了那里，而且在受伤后很快就死了。这个看似不可能的结论，应该就是事实。布伦南尚不清楚整个过程，但他确信佛雷依肯在自己死前几分钟甚至几秒钟时仍在思考自己的生意。

这就把矛头指向了那些电工，他们距离案发现场最近。案发当晚，保险丝熔断时，他们的349号房间和弗雷伊肯的房间一样断电了。在安波设想的各种可能性中，这个侦破方向最有意义：这些电工当时很可能喝醉了酒，于是在弗雷伊肯的房门口寻衅滋事，没说几句话就把弗雷伊踢打至死。布伦南问安波是否问讯过这些电工。"他们很不错。"安波说。"你没看出什么不对劲？"布伦南问。"哦，没有。"安波答。"我敢肯定，如果他们在喝酒，他们就不得不相互说些事。"布伦南说："所以，有人会知道。很可能的是，他们的一两个密友或同事知道案情。"

接下来，安波和布伦南去造访布朗法医。布伦南想知道，布朗在弗雷伊肯身上所见的伤是否由严重殴打引起。布朗说，有可能是这样的。死者私处的撕裂伤可能是被踢出来的，尤其是如果袭击者穿着钢制鞋头的靴子的话。弗雷伊肯房间隔壁的电工们穿的正是靴子。

布伦南请求安波开始访问2010年夏季与电工共事过的人。布伦南自己则返回佛罗里达，继续检测"优雅"旅馆的监控录像。这项工作不仅费时，而且帮助不是很大。监控录像显示，弗雷伊肯当晚下班后回了旅馆，多名电工到停车场上他们自己的汽车里去过几次。但录像中看不出明显可疑之处。

2011年5月底，布伦南再次来到博蒙特。他和安波去见一些没被询问过的、与电工们一起干过活的工人。到了这个时候，电工们已经离开7个多月。安波与这些工人的交谈没有发现什么线索，但布伦南确信这些访谈是有用的。人类本性就是如此——如果有电工了解一些有关弗雷伊肯之死的情况，话就会传开。

于是，他们又去造访那些可能会知情的工人。没错，他们中大多数都听说过死在"优雅"旅馆的那个人，但有没有人知道他（弗雷伊肯）究竟发生了什么事。看起来，这些工人所知道的一切都是二手甚至是三手消息。其中一个叫亚伦·波克的工头说，他听说一所公寓里的枪走火了。"不对，"安波纠正他，"这是两码事。我们说的是'优雅'旅馆里被打的一名男子（指弗雷伊肯）。"言下之意，弗雷伊肯案与什么公寓枪击案是两回事。波克则说，他没听说过什么旅馆殴打案。

在安波和布伦南从波克那里驾车返回时，布伦南对安波说："我们需要再去一趟'优雅'旅馆。"安波问："又回那儿干什么？"毕竟，他和布伦南已经彻底调查了案发现场。"我们去找子弹。"布伦南回答。

在348号房间，他们又开始检查地

板、家具、墙壁及其他一切。他们这里摸摸，那里看看，还用手电筒照射家具下面。结果什么都没发现。布伦南有些挫败，因为他现在已经确信弗雷伊肯案一定涉及一把枪。就在他们准备放弃时，布伦南注意到在关着的门旁边的墙壁上有一个凹陷，而这个墙壁的另一侧就是隔壁房间。这个凹陷是经过维修留下的。看上去，这个凹陷正是门把手撞击墙面的地方。这是旅馆房间里的一种典型磨损。但是拿这个房间的门把手撞墙，撞击部位与凹陷并不怎么匹配——门把手撞墙位置稍稍偏向凹陷的右侧。

"我们去另一边看看。"布伦南对安波说。进入349号房间，他们立即发现了要找的东西。布伦南站在墙上的一个整洁小洞旁边。这个小洞是用很淡的粉红填料修补的，这种涂料竟然是干了的牙膏。布伦南用自己的臀部测量了小洞的高度，然后走回348号房间测量凹陷的高度，结果两者完全匹配。很明

显，一颗子弹穿透了这堵墙，349号房间的小洞是子弹的入射点，348号房间的较大的洞则是子弹的出口。博蒙特警方调查人员仔细挖掘这两个洞，并且用激光照穿它。照射轨迹直接指向弗雷伊肯看电视、吃糖、抽烟所坐的床。布伦南说："这家伙是被子弹打死的。"

布朗法医对此并不确信。他从头到脚检查过死者的尸体，又剖开尸体逐一检查内部脏器，并且逆转了警方最初对此案的判断。凭借精湛的检查手法和多年来的洞察力，他已经确定弗雷伊肯并非死于自然原因，而是死于严重殴打。而如今，他们竟然告诉他，他的仔细而又专业的观察是错的，他没能检测到子弹伤。

布伦南自告奋勇去找布朗谈谈。在他与安波发现弹孔并追踪到子弹轨迹后，他认为弗雷伊肯之死的真相已经大白。但为了依法办案，把杀人者送上法庭，他们必须得到验尸官的证明，而这

①布伦南侦探
②案发后，警方发现弗雷伊肯的个人物品（包括钱财）均未失窃
③348号房间墙上的修补痕迹等证据，令布伦南侦探想出了弗雷伊肯遇害的真相
④警方在案发现场采集证据

需要验尸官改写尸检报告。

布朗的办公室一团糟。到处是纸张、文件和书，每个露出的表面甚至地面都被盖住。布伦南和布朗不得不清理出两张椅子来坐下。当他们提到弗雷伊肯案时，布朗问："你们抓到殴打他的凶手没有？"布伦南答："没有，还没到那一步。"接着，他开始解释他们的发现，尽可能小心地接近主题。布朗很快就明白了布伦南的意思。布朗说："你想告诉我这名男子是被枪杀的。但我想告诉你，这不是实情。"他很清楚布伦南的意图，但他断然拒绝下令掘尸。对死者家庭来说，挖掘尸骸太伤感情，也太麻烦。而对于弗雷伊肯案来说，掘尸根本不可能，因为尸体经过火化，炉温足以熔化子弹碎片。

"听着，法医，"布伦南提议说，"我们只需要拿出尸检照片，看看能发现什么。"布朗同意了。随着他们传阅照片，布伦南一一指出那些敏感的地方。"注意到这儿没有？"布伦南问。"对，那是肝脏。"布朗说。"再看看这儿？"布伦南又问。"没错，那是肠道。"布朗回答。

布伦南已经找到了想要的东西。子弹入射弗雷伊肯的私处，穿透他的身体。私处皮肤柔软，在子弹射入处的皮肤折皱，造成伤口更不明显。内伤完全符合子弹的轨迹。布伦南问："法医，除了钝器致伤的可能性之外，所有这些伤是否也可能由子弹造成？"布朗答："是的，有这种可能。但本案并非如此，这个男子是被打死的。"布伦南又问："好的，法医。但这种可能性是有的吧？"他在一张照片上找到了证据来支持自己的说法。它像是一个弹孔。布朗立即反击："殴打也可以造成这种轨迹。"布伦南说："法医，那可是一个弹孔哦！"布朗接过照片："什么？"布伦南指着那个疑似弹孔说："那绝对是弹孔！"布朗解释说，有时候，当一个人被踢中或被钝器击中胸膛，右心房通常会炸裂。"法医，那真的肯定是弹孔！"布伦南有点急了。布朗又看了一眼，沉默良久，然后说："是的，那真是一个弹孔。媒体会要我命的！"

对自己与得州警察的这次见面，蒂姆·斯坦梅茨一定自我感觉良好。接到警方的电话，他很吃惊。他和兰斯·缪勒从博蒙特返回已超过7个月。如今，两个警察从博蒙特一路来到威斯康星州见他，问

他有关348号房间（即他们当时所住349号房间的邻居）死者的事。这让人有点担心。他和缪勒先前在电话中统一过口径，确保不会露馅。

斯坦梅茨是在齐佩瓦县警局见到两名得州警探的，他们态度很和蔼地告诉他这只是一次例行询问。他们询问他直到晚上，问了很多问题。他都认真回答，试图回忆起每个细节，当然漏掉了有关枪的部分。不过，两名警探也没逼他太甚。

那个个头大大的白发老警探——布伦南问斯坦梅茨："你听说过你们当时隔壁住的那个人死的事儿了？"斯坦梅茨答："听说了。但我们真的不清楚发生了什么。我们没听见隔壁有什么动静。没有什么殴打声，什么都没有。真奇怪！"

布伦南和安波仔细作笔录。斯坦梅茨问："完了吗？"安波答："完了。"斯坦梅茨又问："你们大老远来就为这个？"布伦南让斯坦梅茨念笔录，大声念，想修改哪里就修改哪里。斯坦梅茨做了一些无关紧要的改动。接下来，一名当地警员进来，当着他们的面确认笔录。

因此，斯坦梅茨起身准备离开时，感觉那是相当好。"我可以走了吧？"他问。"稍等。"布伦南说。他的语气转为严厉："问题是，你在这份笔录上签了字。这就是你的问题。"斯坦梅茨很吃惊地再次坐下，说："好吧。"

"现在，告诉我们实情吧。"布伦南说，"因为我们知道发生了什么。因为现在你要和他一起坐牢。你想和兰

斯·缪勒一起去坐牢吗？"斯坦梅茨问："为什么我要和兰斯一起坐牢？"布伦南答："你刚才向警方作伪证，这就是原因。"安波语气温和地开口说话："蒂姆，我们知道真相。我知道你想保护朋友，但你却因此而将伤害到你的家庭。这不值得，真不值得。那么，说真话吧。"

斯坦梅茨不得不讲出实情。他讲的整个故事在同一天——2011年6月1日晚些时候对特伦特·帕萨诺（案发当晚，他、斯坦梅茨和缪勒都在349号房间）的讯问中得到证实。通过这两次讯问，浮现出案情细节：他们当晚一起喝酒，缪勒要帕萨诺去他的车上拿一瓶威士忌，顺便把他的9毫米口径手枪也拿来；当帕萨诺返回时，缪勒拿起枪，在其他人的惊恐中开始玩枪；他把枪指向斯坦梅茨，后者吓得一下子瘫倒在地，并且诅咒他；接着，他把枪指向帕萨诺，随后又指向床脚，这时枪走火；帕萨诺以为自己中枪，但立即看见他身后的墙上有个洞；缪勒吓呆了，收起枪放回自己的汽车；当他回房后，帕萨诺已厌恶地回到自己房间；缪勒和斯坦梅茨下楼去酒吧。

斯坦梅茨声称，他们一直不确定隔壁房间有人，直到半夜从酒吧回来后听见隔壁房间有人咳嗽很厉害。案发次日早晨，当他和缪勒看见警方出现在348号房间，并且看见运尸车，他们很不安。他对布伦南说："我想是他（缪勒）杀死了那个家伙（弗雷伊肯）。"这些话中有个疑点：他们半夜从酒吧返回后，真的听到了348号房间传出咳嗽

声？布伦南和安波不太愿意看重这个问题。如果这是真的，那么弗雷伊肯中枪后比验尸官相信的死亡时间就多活了一段时间，但死因不变。如果这是真的，那么电工们的罪恶就更加昭彰，因为他们没有查看隔壁房间情况，也没有求助，不然的话，弗雷伊肯就可能不会死掉，更何况他们在案发前一天晚上还听到弗雷伊肯的咳嗽声。事实上，那天晚上他们几个依然在349号房间喝酒，而且同样酩酊大醉。酒鬼的记忆颠三倒四，一点也不奇怪。

缪勒最终被判监禁10年。

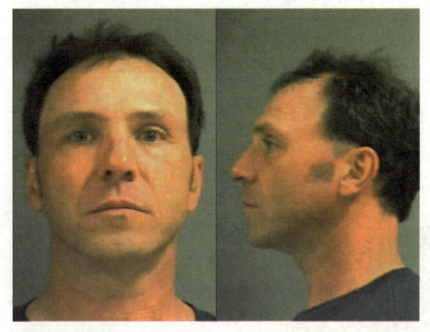

弗雷伊肯遇害案的元凶——兰斯·缪勒

（刘安立）

八桩奇案

　　法医学帮助破解了无数谜案，但有一些案件就连法医也认为匪夷所思。本文介绍一些已经被法医学破解和尚待彻底破解的奇异案例。

案一　狡猾恶医

约翰·施尼博格于1999年被控犯下两桩性侵犯罪。在这之前，他是加拿大吉卜林地区一名颇受欢迎和尊敬的医生。据说，他对23岁女性坎达丝施用毒品，然后在诊疗室里骚扰、侵害她。他的第二名受害人是他自己的13岁继女。他残害她的手法和第一桩案件一样。

在坎达丝报案后，警方强制施尼博格抽血接受DNA检测。当两次检测结果都呈阴性后，此案了结——施尼博格无罪。警方对此很困惑，坎达丝则雇佣一名私家侦探提取施尼博格的另一份DNA样本。侦探设法从施尼博格的润唇膏上提取了一份样本，结果它与来自犯罪现场的DNA匹配。由于是非法提取的样本，此证据未得到法庭采信。1998年1月，丽萨·施尼博格控告施尼博格医生性侵犯她的13岁女儿。为此，施尼博格被强制接受又一次DNA检测。这一次，警方十分小心。他们没有从施尼博格的胳膊抽血，而是从指尖抽，还提取了毛发和唾液样本。检测结果呈阳性，施尼博格因此再度受审。面对确凿的证据，施尼博格不得不坦白了自己的计谋：他收集患者的血液，通过手术在胳膊皮下的静脉旁边植入一根细细的橡胶管；当法医第一次抽取他的血样时，实际上抽出的是他人的血液。施尼博格最终被判强奸和妨碍司法两项罪名成立，因此得坐牢6年。

案二　人格分裂

20世纪90年代，美国田纳西州东部城市诺克斯维尔以东发生"动物园恶男"奇案。这一年的10月20日，一名猎人发现了一具正在腐烂的女性尸体。她最终被核实是最近失踪的当地妇女帕蒂·安德逊。在她的尸骸被发现近一周后，警方又发现了两具尸体，两者都被捆绑并扔进树林。其中一名受害者是最近被杀死的，另一名受害者则已经死了一段时间，其部分尸骸失踪。10月27日，第四名受害人的接近完整、已经腐烂的尸骸在同一地区被找到。警方最终认定：这四桩案件的元凶都是托马斯·迪·哈士奇。此案的审判是田纳西州有史以来最离奇、最耗钱的司法审判之一。为什么会这样呢？

法医人类学家比尔·贝茨苦思这些妇女怎样被杀害、她们被害之间的关联和她们的尸体为何会遭受如此暴虐。他最终得到结论：这些女性都是妓女。她们颈部的伤痕暗示她们是被勒死的，她们的尸体被离奇"肢解"是野生动物

托马斯·迪·哈士奇

"作案"的结果。因为尸体被动物破坏得面目全非，所以警方无法从尸骸上提取DNA证据。不过，由于哈士奇的臭名昭著，警方最终认为他是这些系列杀人案的凶手。该地区的妓女称哈士奇是"动物园恶男"，原因是他惯于在动物园背后挟持妓女并蹂躏她们。被捕并受审时，哈士奇承认谋杀了这四名妇女，但他又声称实际上是他的另一个"自我"——凯尔实施了这些谋杀。因陪审团不同意一项判决，法官宣布审判无效。在2002年的第二次审判中，哈士奇的谋杀陈词被认为不可接受。目前，哈士奇正因为三桩强奸罪坐牢，刑期44年。检方尚未决定是否再次以谋杀罪名审判他。

哈士奇的辩护律师杰弗里·埃里克森医生作证说，哈士奇患有一种脑病，这在1977年就被他首次检测出来。埃里克森首次见到哈士奇是在他16岁时，当时哈士奇入室盗窃。埃里克森还说，哈士奇年轻时被迫加入施虐受虐狂卖淫团伙，身心遭受永久性摧残。在哈士奇于1992年10月被捕后，心理学家戴安娜·麦考伊博士多次检查了哈士奇，发现他患有多重人格（一种心理疾病）。她认为，哈士奇在杀害四名妇女时处于癫狂状态。

案三 女生之死

琳恩·蒂尔南是英国利兹市西利兹高中的一名学生。当地时间2000年11月26日，她与好友——15岁的莎拉·怀特豪斯去利兹市中心购物，然后乘公共汽车返回布兰姆利。两人在霍格里路分手。怀特豪斯最后见到蒂尔南是在下午4时50分，当时蒂尔南沿着一条没有光照的小路离去，这条路穿越一片名叫霍格里·吉尔的林间荒野。怀特豪斯到家后打电话到蒂尔南的家，但对方说蒂尔南还没回家。这让怀特豪斯很吃惊。下午5时20分，蒂尔南的妈妈拨打女儿的手机，听到一会儿振铃后电话断了。她再次拨打，响铃四声后电话也断线了。傍晚7时，她报了警。

警方立即开始寻人，全面搜索蒂尔南最后出现的区域，但一无所获。这场调查逐渐演变成西约克郡警方进行的有史以来最大规模的侦讯之一，其参与者包括200名警员和数百名志愿者。警方调查了超过1400户人家，其中800户分布于蒂尔南可能出现过的路径。警方还调查了霍格里·吉尔荒野周围800米半径以内的800间小屋、停车场、户外建筑和150处商业场所。警方提取了140名男子的DNA，对利兹市内12个地方进行了搜查。警方还搜索了利兹与利物浦运河中长达5千米的一段，其中近4千米河段的水被排掉了1米深。警方也搜索了现在使用的32条排水道以及弃用的排水道和水井。11月26日当晚，警探还给蒂尔南的手机发短信。这部手机当时已关机，但在11月27日那天曾短暂开机。

为了让警方搜查案发区域内的所有垃圾桶，该区域内家庭垃圾的清收曾一度暂停。这场调查得到了英国水路警方、运输警方、国防部空中侦查处、搜救队、国际刑警组织以及军警联合训练中心的协助。2000年12月3日，警方发布了对蒂尔南最后活动情况的还原，由怀特豪斯和蒂尔南的姐姐米歇尔模拟，旨在激发对蒂尔南最后行踪的潜在目击者的回忆。一名当地商人悬赏1万英镑，征集此案线索。英国一家全国性超市连锁店在其所售牛奶的盒子上印刷蒂尔南的照片和此案介绍，目的也是尽可能广泛地搜集线索。蒂尔南的男友、15岁的韦恩·基利公开露面，恳求蒂尔南与他联络（前提是她还活着）。

有未经证实的报告说，蒂尔南曾经出现在离布兰姆利很远的地方。但案发9个月后，仍无任何可以证实的目击报告。早在2000年12月4日，警方就发布了一名男子的电子面部合成照，此人被看见在蒂尔南失踪不久后在霍格里·吉尔区域遛狗。目击者说：此人身高1米7多一点，身体壮实，圆脸发红且可能有疤；他戴着一顶黑色帽子，穿着防水夹克和肮脏的牛仔裤。稍后证实，这张合成照非常符合一个名叫约翰·泰勒的人的特征。两名目击者说，在蒂尔南失踪的大致时刻，他们听见案发区域传出一名女性的尖叫声。然而，这一说法无法得到证实。警方也未在可能的现场发现打斗痕迹。

2001年8月20日，有人在北约克郡的林德利·伍兹地区遛狗时发现了蒂尔南的尸骸，现场距离另一名谋杀受害者（一名妓女，其尸骸于1992年被发现）的尸骸被发现地不到100米。2001年8月22日，指纹鉴定证实新发现的尸骸属于蒂尔南。9只绿色塑料垃圾袋把这具尸骸包裹在内，外面捆有麻绳。蒂尔南的面部覆盖有羽绒面料，一只由狗项圈固定的黑色垃圾袋包裹了她的整个头部。蒂尔南失踪时穿的大衣和靴子都不见了。凶手显然用尼龙绳勒死了蒂尔南，

①蒂尔南下葬情景
②遇害的琳恩·蒂尔南
③就是他杀害了蒂尔南
④蒂尔南遇害地点

再用尼龙绳绑缚她的双手。一条围巾缠在蒂尔南的脖子上。她的头发依然是失踪时的那种马尾辫，发夹也和失踪时戴的一样。尽管没有证据表明她受到了性侵害，但夹克、靴子不见了，再加上她的内衣移位等，让法医不能排除此案凶手的性动机。警方请求英国空军特别部队用跟踪定位仪（它在1982年帮助追踪到了一名谋杀者）辨别凶手在林地中最可能的出没路径。

蒂尔南尸体的腐败程度让一些法医专家相信，凶手将尸体冷藏了好几周，部分原因是躲避侦讯，也有部分原因是炫耀"战利品"。警方请到一名冷冻学家检验蒂尔南的心脏组织的微观结构。这名专家的结论是：考虑到从蒂尔南失踪到她的尸体被发现之间好几个月的气温，尸体应该被冷藏过一段时间。警方发出公开呼吁：请那些可能在案发前后去过林德利·伍兹的人，或者那些了解他人去过该地区的人，尽快与警方联系。

发现于蒂尔南尸体上的皮革制狗项圈，是由诺丁汉郡一家公司生产的，共有220个批发商经销此产品。警探接触了所有这些批发商，询问是否有在利兹地区的销售记录。其中第112号经销商（总部在利物浦的一家邮购公司）报告说，他们在利兹市卖出3只这样的狗项圈。警探一查看买主名单，立即注意到其中一个名叫泰勒的盗猎者，因为此前有目击者说此人经常出现在发现蒂尔南尸体的区域。警方立即搜查了泰勒住处。

法医检验了系在蒂尔南颈部的围巾，在打结处发现了一根不属于蒂尔南的头发。使用常规的DNA检测技术，法医无法从发根提取DNA信息。于是，他们对毛干内部进行线粒体DNA检测，得到的结果与泰勒的匹配。对用于捆绑尸体的麻绳进行的检测发现，它的织法独特，它只可能是由德文郡一家公司生产的。该公司通常只把该产品提供给国防部，但有少批量卖给公众，用于制作捕兔网。发现于蒂尔南尸体上的麻绳与这批货完全匹配，而同样的麻绳随后在泰勒家中也被发现。

发现于蒂尔南尸体上的尼龙绳，被辨识是由意大利一家公司生产的。这家公司把99%的这种尼龙绳卖给了英国皇家邮政，而泰勒所在公司是皇家邮政的附属企业之一。同样的尼龙绳随后在泰勒家中搜出。用于包裹蒂尔南尸体的那种绿色塑料袋的碎片，在泰勒家中也发现了。蒂尔南的衣物上发现了红色尼龙地毯纤维痕迹。法医指出，由于这种纤维的染色方式不同寻常，所以这种纤维非常独特。警方在搜查中发现，虽然泰勒最近从家中清除所有地毯并烧毁，但在地板钉子上发现的少量地毯纤维与蒂尔南衣物上的地毯纤维完全匹配。法医花粉检测证明，基于在蒂尔南的鼻腔、皮肤和头发上发现的花粉类型，她在死前到过泰勒家的花园。

基于上述各种证据，泰勒最终被判终身监禁。此外还值得一提的是，法医在蒂尔南的尸体上发现了多根狗毛。它们被送到美国得州大学接受DNA检测，得到了不完整的结果，未能把这些狗毛与泰勒联系起来，但主要原因是在蒂尔南失踪时泰勒所养的狗已经死了。虽然狗毛DNA检测在给泰勒定罪方面没起作用，但在英国罪案调查中这是首次把狗的DNA作为法医证据。

案四　尸"坐"棺材

1977年12月24日，美国南北战争期间南方同盟军中校威廉·西艾的墓葬被发现。美国法医人类学家比尔·贝斯受邀调查此事。此墓被发现时已遭盗掘，掘墓深度超过1米，但最惊人的是，一具身穿疑似无尾礼服的无头尸体"坐在"古式铸铁棺材顶部。

作为美国田纳西州的顶尖法医人类学家，贝斯在现场对这具尸体进行了初始检验。尸体已高度腐烂，部分关节脱节，但一些皮肉仍然呈粉红色，不少关节依然完整。贝斯收集了这些尸骸，但没有找到脑袋、双腿和一只手。这看来并不奇怪，因为经常有食腐动物出没在

像这样的露天墓葬，很可能是它们把部分尸骸叼走了。

然而，当尸骸被移走后，贝斯团队赫然发现，棺材（这类棺材俗称"菲斯克木乃伊"。请参见相关链接。）顶部有一个直径约为40厘米的大洞。它看来是盗墓贼用丁字斧或铲子凿出的。贝斯用手电筒透过棺材顶部的大洞照射棺材内部，发现了完全符合一座1864年墓葬（西艾中校的遗体下葬正是在这一年）的状况——棺材里什么都没有。从该地区南北战争时期的其他墓葬，贝斯知道田纳西州超过百年的潮湿气候应该已把尸体彻底分解，就算是骨骼也留不下来，因此，棺材内部的一层黏性物质很可能就是西艾的全部遗骸。

在清理和检测收集到的骨骸之后，贝斯下结论说，西艾墓中多余的这具尸体属于一名25～30岁、身高大约1.8米的男性。没有明显迹象能表明此人的死

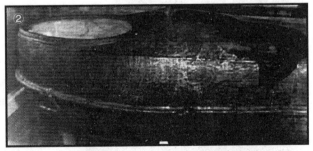

①威廉·西艾
②威廉·西艾的棺材上有疑似戳痕
③威廉·西艾头骨上的弹孔

因，但贝斯估计他的死亡时间是在两个月到半年之前。至于他的尸体为何会出现在西艾墓中，一种推测是：此人是一名遭谋杀身亡者，谋杀他的人试图把他的尸体藏在一座旧墓葬中，并且选择的正是西艾之墓，但在掩埋尸体时恰好遇到这块地的主人或他人路过，不得不逃之夭夭。

次年，当地警方进一步挖掘此墓，却发现头骨其实就在棺材内。如此看来，杀人者当时受到惊吓，在试图把受害人尸体塞进棺材时导致尸首分离。此人的死亡原因由头骨充分揭示：子弹进入和离开头颅时留下了弹孔，头骨已碎裂成17块。令人蹊跷的是，死者很明显没看过牙医，因为他的牙齿上有未经治疗的多个蛀牙洞。如果他是一个最近才死的人，为什么他生前不去看牙医（现代牙医轻易就能消除其痛苦）？

进一步检验死者所穿衣物，法医发现它们全都由纯天然纤维制成，并且都没有标签。死者的裤子式样也很奇怪，两侧用带子束紧。到这时，贝斯开始怀疑西艾墓中的尸骸并非属于一名谋杀受害人，而正是西艾自己的尸骸，盗墓贼在把尸骸从棺材中拖出来时导致身首分

"菲斯克木乃伊"

"菲斯克木乃伊"及变种

1848年，美国人阿尔蒙德·菲斯克获得了铸铁棺材专利，名为"菲斯克铸铁或高级金属密封棺材"。这种也称"菲斯克木乃伊"的棺材看上去有点恐怖，因为它的形状就像是包着裹尸布的尸体。它的顶部有一扇玻璃窗，透过此窗能看见尸体的脸部，但棺材下葬时尸体面部会覆盖金属片。"菲斯克木乃伊"还附加了帷帐、红木及丝绸边缘等装饰，目的是弱化潜在顾客对棺材外观的不安。

"菲斯克木乃伊"的设计和选材，是考虑到保护尸体及阻止腐烂，从而让尸身在运输途中和迟延下葬时都能保持完整。此外，棺材中可充入气体或液体，以阻止尸体腐烂。1849年，菲斯克的纽约长岛制造厂烧毁。菲斯克在参与灭火时感染恶疾，次年死亡。到了这时，只生产了3副"菲斯克木乃伊"。随后，这种棺材停产。不过，其他一些铸造商获准生产铸铁棺材，但棺材外形不再是人形，而是改成了矩形等简化设计，以便大量生产。最终，金属棺材在美国南北战争期间的富有家庭中流行起来，主要原因正是它们能在一定程度上阻止盗墓，并且在运输过程中保护尸体。

离。史料明确记载，西艾中校于26岁时被他人近距离枪击身亡，并且是头部中弹。由于尸骸正是西艾自己的，也就自然而然地解释了为什么蛀牙未接受过现代医学治疗以及为什么死者所穿衣物的式样奇怪——因为他生活在100多年前！可是，为什么100多年前的死者看上去像是才死了不到一年的？

回头来看，这其实一点也不奇怪。尽管在西艾所处时代尸体防腐很少见，但由于西艾的社会地位，他的尸体确实得到了很好的防腐处理。他的尸体下葬时也穿着最好的衣服，这与他的肖像上所穿衣物完全一致。此外，他的铸铁棺材非常结实，密封效果极好，不仅能把所装尸体与外部湿气彻底隔绝开，而且能把昆虫和氧都完全阻挡在棺材外面，而这些玩意儿原本都会大大加快尸体的腐烂过程。

这次失手是贝斯职业生涯的一个重要分水岭。虽然当时他身为法医学家已超过20年，但该领域无论是他还是其他人对尸体腐烂过程都所知不多，因而无法准确估计从一个人死亡到其尸体或尸骸被发现之间的时间长度。贝斯自此下定决心填补这方面的知识空白。1981年，他在田纳西大学创建人类学研究机构，俗称"尸体农场"，专门研究动物死亡后尸体的变化，通过实验确定影响死亡时间和情况估计的因素。自开办以来，"尸体农场"得到了各方捐赠的超过1000具人类尸体。这些尸体得到研究后，骨架得以珍藏以接受后续研究。今天，美国已经有6座这样的"尸体农场"，法医学也走上了更科学的发展之路。

案五　溶尸谜案

对就职于荷兰法医学研究院的艾文·沃梅杰来说，再奇怪的案子也不算奇怪。在院里工作的17年中，他见过尸体经过煮、烤的案例，也见过用木头粉碎机处置尸体的案例，但在13年前，当警方从一名疑似毒贩的花园里掘出一大块湿润的灰白色物体时，就连沃梅杰也困惑了。

沃梅杰首先想到的是，检测这块物体中是否包含可卡因和海洛因。检验结果却完全出乎他的预料：这块东西基本上就是一大块石膏，但它绝不是一般的石膏。他从这块重达5千克的石膏上取样仔细观测，发现了不同寻常的粉色和褐色斑点。透过显微镜观察，它们由沙子和形状不规则的薄壁结构组成。薄壁结构中含有钙、磷和氟。在法医学调查中，一旦发现钙和磷，警报就会拉响——骨骼中包含这些矿物质。然而，氟从何而来呢？

就在沃梅杰团队检测这块奇怪石膏的同时，有目击者向警方报告说，这个嫌疑人杀死了其副手，并且用凑合的火化炉焚尸。警方没有找到受害人的尸骸或火化炉的痕迹，但那块石膏中存在的氟给了沃梅杰一种启发：也许，杀手试图用氢氟酸溶解经过焚烧的尸体，然后把尸骸与石膏混合。由此看来，那些奇怪的薄壁结构会不会就是骨头的残迹？

这听起来真是恐怖至极，但如果你看过美国电视系列剧《绝命毒师》比较早的一集，你就会觉得这并不新鲜。在这集中，凶手用氢氟酸溶解一具有点棘手的尸体，结果就连装氢氟酸和尸体的金属浴缸也溶解了。这些液化物蚀穿房顶，最终房顶坍塌，坠落在房间地面。在酸中溶尸，看来是销毁尸体的终极手段。但在现实中，要想解决一个如此肮脏的难题，酸可能并不是一种如此迅捷和简单的办法。

最臭名昭著的酸浴谋杀者是英国连环杀人犯约翰·海格。20世纪40年代，他涉嫌杀害了至少6人。他用浓硫酸溶尸。警方通过筛查他所在工场的泥土，发现了13千克的人类脂肪、3块胆结石、一条左腿的一部分、18块骨片和完整的上、下义齿。海格的确销毁了受害人的大部分尸体，但没能、看来也不可能让所有遗骸消失。由于证据确凿，海格最终上了绞刑架。

不过，要是海格当初用的是另一种"更合适"的酸来溶尸，或者以另一种"更合适"的方式来处置尸体，他是否就能逍遥法外？用酸溶解经过焚烧的骨头，或许更有效。"石膏案"是沃梅杰碰到的首例可能的酸浴谋杀，在破解这种案例方面他并无经验。另外，在相关文献中也找不到对酸浴溶尸时酸的效率的任何论述。于是，沃梅杰决定亲手做这方面的实验。

酸分为两大类：强酸和弱酸。这两种酸都可以做成浓缩液或稀释液。在溶液中，所有的酸都会失去氢离子，但像

①约翰·海格溶尸地点
②警方挖掘约翰·海格溶尸证据
③约翰·海格被捕场面

氢氟酸这样的强酸的腐蚀性更强，这是因为它们完全离子化，而乙酸之类的弱酸只会部分离子化。酸浴溶尸依赖水与蛋白质和脂肪反应，后两者分解成氨基酸和脂肪酸。酸催化这种水解反应，溶液中的离子越多，水解反应速度越快。同时，酸也催化骨骼中的羟磷灰石溶解为钙和磷的降解过程。

理论上，任何酸都有上述效果。沃梅杰团队通过实验证明，包括氢氟酸在内的一些酸太弱，无法分解软组织中的蛋白质和脂肪。事实上，《绝命毒师》的特辑《解谜大师》就证实了这一点。诸如盐酸和硝酸之类的强酸，效果要好些。硝酸不仅是一种强酸，而且是一种强力氧化剂，能把脂肪和蛋白质分解为二氧化碳和水，因此，脂肪和蛋白质最终就消失无影。

然而，使用强酸是有风险的。相关反应会放热，如果温度升到100℃以上，混合液就会沸腾，产生腐蚀性很强的毒烟。硝酸的使用还有一种风险，就是可能形成像硝化甘油（炸药的主要成分）之类的爆炸物。就算用强酸溶尸，其过程也很冗长。意大利巴勒莫大学的一个病理学家团队通过实验，试图证明一名黑手党打手能用硫酸在几分钟内彻底溶尸。结果却发现，这一过程要花几周。但即便这样，胆结石、人工器官和假牙等依然销毁不了。

不过，要是蛋白质、脂肪和骨骼结构已被火毁

坏，情况会怎样？在实验室里，沃梅杰团队把经过焚烧的人骨与氢氟酸和硝酸混合。由于"石膏案"嫌疑人是一名焊工，因此他能从用于处理钢铁的酸洗剂中得到这些酸的组合。不出预料，沃梅杰团队复制出了包裹在那块石膏中的怪异薄壁结构。用于分解骨骼的酸越稀，这种结构就越细密，这是由于它们是不完全水解的残留物，而稀释酸含水更多，所以能保持更长的水解过程。

这足以给嫌疑人定罪，但故事到此并未结束。不久前，警方给沃梅杰送来一包取自一所房屋下水道的黏性物质。目击者说，两名男子遭酸浴溶尸，溶尸产物倒进了下水道。这一次，沃梅杰团队在警方送来的样本中又发现了多个薄壁结构。凶手（一个母亲及其儿子之一）分别获刑，另一个儿子及那个"目击者"因伙同作案也分别获刑。

如此看来，《绝命毒师》之类的影视作品可能激发了一些不法分子企图通过酸浴溶尸毁灭证据的"灵感"。有了

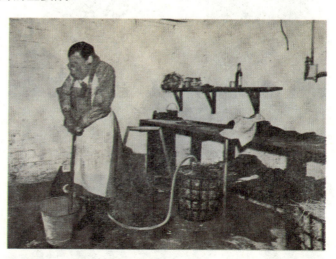

酸浴溶尸并不是新的毁尸灭迹手段

合适的酸，这种毁尸方法的确很有效，但绝非完美。要想彻底毁尸灭迹，其实只能是痴心妄想，所以其他的"海格"们在行凶之前最好想清楚。这方面还有个理由——正如本文中的案例所示，溶尸很恐怖，因此这样的阴谋很难不暴露。总之，天网恢恢疏而不漏，凶犯和在的凶犯们必须好自为之。

案六　孪生谋杀

2008年7月18日，美国小学女教师金奈·科尔曼在等待女儿到来时，一名男子枪击了她并偷走她的汽车。根据发现于被盗车驾驶座下面的一个烟头，警方确定了凶手身份。此案警探达米安·克鲁兹说，来自烟头的唾液样本与唐纳德·史密斯匹配。史密斯此前曾因毒品相关罪

名被捕，而且从枪击现场的监控录像来看，凶手也很像是史密斯。他于2009年2月3日再度被捕。故事本应到此结束，但却变得越来越离奇——史密斯说，杀人者其实是他的孪生兄弟。

警方假定史密斯所言无虚，随即从被盗车提取指纹。果然，车上指纹都不属于史密斯，而是属于他的孪生兄弟罗纳德。调查人员花了3天时间，终于找到了罗纳德。他们是在罗纳德的父母家里发现他的。他的双亲和妹妹都证实，监控录像中的男子正是罗纳德。此外，罗纳德的手机通信记录证明，在科尔曼被枪杀、她的汽车被抛弃时，他就在该区域。面对大量证据，罗纳德不得不认罪。2009年2月6日，他因谋杀罪名被捕。

案七　悲泪高速

有一段穿越加拿大不列颠哥伦比亚荒野的高速路名为"悲泪高速"。在30年的时间里，在这段高速路上失踪的女性竟然有近50人。如果这还不够吓人，那么还有传言说，所有这些女性都是被同一个连环杀人狂杀害的。

嫌疑人波比·杰克·富勒被捕，因为他的DNA在其中一名受害女性的尸体上被检出。他还被强烈怀疑就是"悲泪高速"系列案件的元凶，但却没有证据支持这种猜测。另一个问题是，在富勒于1996年入狱

左上：罗纳德·史密斯
右上：唐纳德·史密斯
左下：金奈·科尔曼

"悲泪高速"路边的警示牌上写着："杀手在逃，女孩当心！"

在"悲泪高速"上失踪的人们

后，"悲泪高速"又发生了至少3起类似谋杀案。谁是这3起案件的凶手？迄今仍无答案。为了获取哪怕最小的线索，加拿大官方甚至也开始强制出租车驾驶员递交自己的DNA样本。然而，不仅这些新案件至今未侦破，就连以往的"悲泪高速"系列案也仍然是谜。

案八　神秘之死

2013年1月，美国佐治亚州瓦尔多斯塔，肯德里克·约翰逊被发现死于他所在高中的体育馆里。这个17岁男孩的死亡被宣布为一次事故：看起来，他像是坠在了卷起来的体操垫子上，而且是头先坠上去，造成窒息。他身上没有伤痕，也无证据表明此案涉及阴谋。不过，约翰逊的家人还是对他的蹊跷之死提出了质疑。

在多次前往死者家中后，验尸官和一个大陪审团最终发布了一份新报告，声称约翰逊事实上死于"未知、显然非事故性的钝器致伤"。然而，警方没有提出谁是此案嫌疑人。更奇怪的是，进行第二次尸检时，发现死者的大脑、心脏、肺、肝及其骨盆等重要器官都不见了，而是由揉皱的报纸替换。负责保存约翰逊尸体的殡仪馆老板称，由于约翰逊死时所处体位的缘故，这些器官很可能在自然过程中损毁。然而，用报纸代替死者的器官显然不是标准的殡葬做法。所有证据都指向约翰逊之死涉及阴谋，但警方对此案的侦破至今仍无进展。

肯德里克·约翰逊

约翰逊的死因疑为头坠在卷起的垫子上

（刘安立）

细菌破案

　　每个人的身上都有不少细菌，我们的身体其实就是细菌的天然游乐场。不过，对于法医们来说，他们更感兴趣的不是人肚子里或脸上的细菌，而是人手上的细菌——就像指纹可以破案一样，法医们正在用手上的细菌破案。

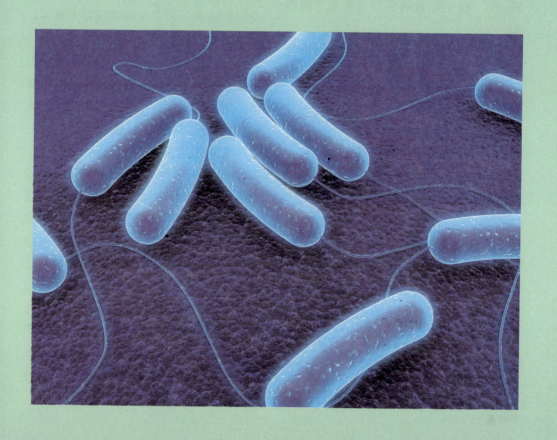

在现实生活中，当凶杀案发生后，警察和法医就会立即奔赴凶杀现场收集各种证据，尤其是那些很可能被普通人忽略的细微证据。这些细微证据也就是我们常说的"蛛丝马迹"，它们对于案件的侦破往往是至关重要的。然而，无论是"蛛丝"还是"马迹"，我们基本上都能用肉眼寻找到，可还有一些可以作为证据的东西，却是我们用肉眼看不到的，比如细菌。随着微生物科学的不断发展，细菌正逐渐成为破案的利器。下面这个案例告诉我们，在法医学研究人员的显微镜下，细菌好像会说话了——它们告诉我们谁是真正的罪犯。

罪犯作案后，通常会留下"蛛丝马迹"——指纹，破案人员可以以此取证。如果现场提取的指纹模糊不清，就会给破案带来困难

2009年8月27日下午，英国剑桥警察局接到报案：在郊区一幢民房内发现一具尸体。警察迈克尔和法医安东尼赶到案发现场时，发现屋子里发出强烈的恶臭，尸体已经开始腐烂，流出黄色的液体。死者是一位独居的老太太凯琳娜，生前比较富有，她被人捅了一刀而身亡。屋子里被翻得十分凌乱，贵重的财物都没有了。迈克尔初步推断，这是一起劫财谋杀案。由于老太太独处于小区偏僻角落的一幢大别墅，性格又十分孤僻，和邻居很少来往，因此没有人知道她是在哪一天被害的。

凯琳娜所在的小区是一个老式小区，小区的保安十分松懈，不对外来人员进行登记，也没有监控录像。也就是说，除了小区居民外，找不到外来的嫌疑人。小区的保安和邻居反映，老太太同邻居从不来往，也从不见有人来探望她。迈克尔查阅了凯琳娜的档案，发现她是一位富翁的独生女，终身未嫁，在英国国内没有任何亲属，只有几名移居美国的远亲。迈克尔和美国警方联系，证实凯琳娜的远亲近期没有来过英国。显然，这是一起陌生人行凶杀人案。凶手是谁呢？就像许多电视剧中的剧情那样，迈克尔只能指望法医安东尼从法医学的角度找到有用的证据。

安东尼对现场进行了仔细搜查，但没有找到多少有用的线索。从现场来看，凯琳娜是死于报案10天前的突然袭击，没有作出任何反抗的动作。可以推断，凶手通过某种合理的理由进入室内，并且在发现老太太独居后突然起了杀心。由于案发时间距离报案时间较长，当天又是晴天，凶手没有留下足迹。凶手作案时没有佩戴手套，但由于距案发时间较长，夏天气温又高，安东尼只是从门和抽屉的把手上提取到6枚十分模糊的指纹，无法判断是受害者的还是凶手的。没有任何目击者，没有特定的嫌疑人，现场痕迹又十分模糊，侦破工作陷入了僵局。

安东尼在英国警方的内部网络寻求帮助，希望有人帮助他解开模糊指纹之谜。两天之后，英国法医科学实验室的大卫·哈珀博士给安东尼打来电话说他有新技术可以试试，这个新技术就是利用细菌。

直接利用细菌查找凶手需要一个前提，那就是必须要有数个嫌疑人可以比对。如果没有嫌疑人，找到现场的细菌证据也毫无用处。对于没有嫌疑人的凶案，指纹证据还是更强大一些，因为大多数国家的司法机构都建立了指纹数据库，有的国家建立了有前科的违法犯罪人员的指纹数据库，有的国家甚至建立了全民指纹数据库。把现场提取到的指纹输入到指纹数据库中，就有可能在没有嫌疑人的情况下找到真凶。然而，由于种种原因，比如凶手的手指受到磨

损，现场指纹受到污染，或者像凯琳娜遇害案那样时间过长等，现场提取的指纹可能模糊不清，输入到指纹数据库中也难以找到匹配的数据。

对于凯琳娜遇害案中的模糊指纹，需要想办法把它们变成清晰的指纹。哈珀博士提出：让细菌来完成这项任务——先用营养基复制现场的模糊指纹，然后用营养液润湿指纹，再在上面放上一些特殊的细菌，细菌就会沿着指纹的纹路生长繁殖。

安东尼发现，哈珀培养的那些细菌并非普通细菌，而是在紫外线的照射下会发出绿光的转基因细菌。当这种细菌沿指纹分布生长出来后，只要用紫外线一照，指纹就可清晰地显示出来。再过20多小时，指纹变得更清晰。这时，用照相机把指纹拍摄下来，输入指纹数据库进行比对，或者同嫌疑人的指纹进行比对，就可为破案提供可靠的证据。迈克尔和安东尼非常幸运，他们在指纹数据库里找到了匹配的数据。在所检测的

荧光转基因细菌可以复原罪犯留在犯罪现场的模糊指纹，为破案提供可靠证据

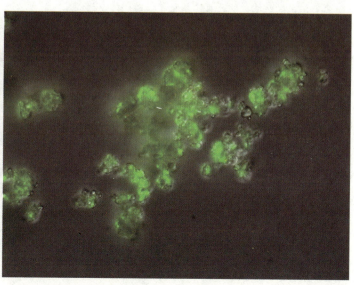

6枚指纹中，有5枚指纹都指向一个名叫莱斯特的人。莱斯特有犯罪前科，曾因入室抢劫而入狱5年。剩下的一枚指纹是凯琳娜的，这说明可能是莱斯特单独作案，没有同伙。

迈克尔将莱斯特的照片打印出来供小区保安和居民辨认，确认莱斯特在2009年8月17日前后曾以空调维修员身份进入该小区。空调维修公司也确认莱斯特在他们那里做了半年的维修工，于2009年8月18日辞职离开。英国警方下达了对莱斯特的通缉令，最终在诺丁汉市的一个赌场内将其抓获。莱斯特起初对自己的罪行不予承认，但在警方播放法医利用细菌复原指纹的录像之后，他对自己的罪行供认不讳。

在这起案件中，小小细菌立了大功，它不但帮助警方找到了真凶，而且作为作案证据获得了法院的认可。

警察、法医学家和科学家相信，随着微生物科学的不断发展，细菌完全可以成为帮助破案的一种利器。

法医学新技术：细菌破案

我们身边的细菌

细菌是一种原核单细胞微生物，是自然界中分布最广、个体数量最多的有机体。细菌分布最多的地方是土壤。美国一个研究团队研究发现，在1克没有受过污染的泥土中竟然有100万种不同的细菌。细菌的形状细短，结构简单。细菌的个体非常小，目前已知最小细菌的直径只有0.2微米，因此我们只能在显微镜下看到它们。1683年，荷兰生物学家列文·虎克使用自己设计的单透镜显微镜放大约200倍，首次观察到了细菌。1828年，德国科学家埃伦伯格提出用bacteria给细菌命名，意思是"像小棍子一样的小生物"。

提到细菌，人们往往会想到那些可怕的危害人们健康的病菌。其实，自然界中的细菌大部分是人类的朋友。在我们每个人的身上都有不少细菌，我们的身体就像是细菌的天然游乐场。无论多么爱干净的人，身上都会有数以亿计的细菌。统计表明，人体内及表皮上的细菌细胞总数约是人体细胞总数的10倍。数量庞大的细菌在人体各处都有分布，有的"居住"在人体内部，有的"居住"在皮肤表面。研究人员称，人体各个部分的细菌分布大不相同，比如在光滑干燥的前臂上发现的细菌与在潮湿温暖的腋下发现的细菌的差别，有如沙漠与热带雨林的迥异。

细菌并非只是人们所厌恶的病菌，更不是病毒。事实上，会损害人体健康的病菌只是人体细菌中很少的一部分，有一部分细菌既无害也无益，而大部分细菌是有益于我们身体健康的，比如生活在我们肠道中帮助消化的消化菌。研究发现，每个人所携带的细菌种类各有不同，它们在人体的分布情况也因人而

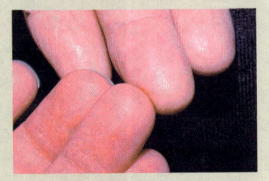

法医们感兴趣的是人手上的细菌。平均每个人的手上大约携带150种细菌，任何两个人手上所拥有的同种微生物只有13%左右，因此，与指纹一样，细菌在人手上的分布是独一无二的

异。2009年11月，美国科学家在进行多年研究后，绘制出第一幅人体细菌图集，包括从额头到脚（比如鼻子和肚脐）的细菌分布状况。研究人员绘制这个图集的目的起初只是为了找出健康人群指标，作为研究疾病的一个基础，但后来他们发现这个图集还可以用于法医学，用于人体身份识别。

利用细菌指认身份

细菌和人体的关系十分密切，简直到了不离不弃的程度。对法医们来说，他们更感兴趣的不是人肚子里或脸上的细菌，而是人手上的细菌，因为罪犯作案几乎都要用到手。罪犯的手一旦接触到案发现场的物体，手上的细菌就会留在这些物体上，并存活相当长一段时间，而且不会因温度、湿度、光照等因素而发生改变。研究人员认为，可以提取罪犯留在犯罪现场的细菌，然后对这些细菌进行DNA分析，再同犯罪嫌疑人手上的细菌DNA进行比对，就有可能找到真正的凶手。

研究还发现，平均每个人的手上大约携带150种细菌，任何两个人手上所拥有的同种微生物只有13%左右。与指纹一样，细菌在人手上的分布是独一无二的，每个人触摸物体后留下的细菌痕迹也是独一无二的，而且还能长时间保持稳定不变，因此，科学家认为，细菌可以像指纹一样用于人的身份识别。

为了弄清楚人们在日常生活中是否会留下这些细菌痕迹，研究人员进行了下列实验。他们先将电脑擦拭干净，在志愿者使用电脑后，从键盘和鼠标上提取的细菌进行DNA分析。结果发现，每一台电脑表面细菌的DNA特征与该电脑使用者指尖上的细菌十分匹配。接下来，他们对志愿者使用过的鼠标和他们手上的细菌进行取样，两者进行相似性对比，结果发现鼠标上的菌群全部与使用者手上的菌群相吻合。

研究人员还发现，如果罪犯企图通过洗手摆脱这些细菌的纠缠，即使他用了大量洗涤剂，也不能把它们赶跑。在洗手之后数小时内，手上的这些细菌群落就能恢复原状。为什么人手上的细菌分布有这么强大的恢复功能？这目前还是一个谜，科学家猜测有三种可能性：第一，手部细菌并非只生活在皮肤的表皮，而是在皮肤真皮中也有相同分布，洗手只是洗去了表皮上的细菌，而之后不久，真皮上的细菌会穿过表皮"移居"到皮肤表面；第二，这些细菌是从身体的其他部位补充过来的；第三，这些细菌从空气中再次聚积到手上，形成一个稳定的细菌分布群落。根据手部细菌分布具有特异性，研究人员更认可第一种猜测。

研究结果还显示，室温下的菌群能保持两个星期不变。有关专家说："这些发现真让人感到惊奇，我们从来不知道这些

研究人员正在从键盘和鼠标上提取细菌进行DNA分析。实验证明，每一台电脑表面细菌的DNA特征与该电脑使用者指尖上的细菌十分匹配

微生物如此健壮。"

　　研究人员希望，将来这一技术能帮助刑侦人员和法医识别犯罪嫌疑人。或许有人会问：既然凶手是在不戴手套触摸物体的情况下才留下手上的细菌证据，那为什么不用指纹直接作为破案线索呢？这是因为指纹有时难以在布料等多孔材质上留下来，而细菌则可以在任何材质上保留下来。另外，随着时间的流逝和环境的变化，指纹在几天内就可能模糊甚至消失，而细菌痕迹可以保留两个星期。

　　与DNA证据相比，细菌证据也有它的优势。除非物体上沾有血、组织、精液或唾液，否则很难获得足够的人类DNA作为法医鉴定证据。由于，皮肤表面接触物体会残留大量细菌细胞，而且细菌DNA比人类DNA简单得多，通过DNA鉴定细菌种类比检测人类DNA证据要容易得多。有关专家认为，即使现场有指纹证据和人类DNA证据，对现场的细菌证据进行分析也是很有必要的。细菌证据能够为破案提供一条独立的线索，这有利于使凶手认罪伏法。

　　研究人员下一步还将研究人体细菌痕迹粘附在不同表面（如金属、塑料、玻璃等）上的情况。研究人员表示，这项新技术对于不能获得清晰指纹的肮脏表面、织物和触感粗糙的材料会更加有用。新技术还能识别同卵双胞胎的情况，尽管他们继承了同样的DNA，但手上的细菌种群还是有差别的。

（白石）

美女 "失踪" 案

2005年，住在美国佛罗里达州迈阿密市一家酒店的一名女子被强奸、严重殴打后又被抛"尸"荒野。酒店的监控系统非常完备，但她为什么会从自己所在的房间神秘消失？私家侦探抽丝剥茧，最终破解了这桩"冷案"。

2005年冬季的一个清晨，一个遍体鳞伤、有着一头金色长卷发的年轻女子，被发现脸朝下裸身趴在美国迈阿密市西郊草地上。当时，一名当地电厂工人驾车经过这片车流很少的空地，惊愕地看见了她。

让他更惊诧的是，她竟然还活着，但人事不省。警方赶到现场，用直升机将该女子送往医院。她在医院里苏醒后，对此前遭遇的记忆非常模糊，但她的身体讲述了一个可怕的故事——她被强奸、殴打后，又被丢弃等死。她的头部受重伤，体内有精液，右眼附近的骨骼被打碎，难怪她非常恐慌，神志不清。她一会儿说英语，一会儿说乌克兰语，让人很难明白她在说什么。她苏醒后要求了好些事，但奇怪的是她要找律师。

迈阿密达得区警方调查获悉，这名21岁女子已在机场丽晶酒店住了几个月，这里距离她被发现地大约13千米。

该酒店主要为转机旅客提供过夜住宿。至于该女子，她受雇于美国一家游轮公司，但在工作时手指严重骨折，老板安排她在该酒店养伤。她住在该酒店的4楼。她说，当时有两三个白人袭击她，他们的英语好像有西班牙语口音，但她对此并不确定。她记得，他们当中一人用枕头蒙住她的脸，她被强迫喝下很辣的、像是烈酒的东西。她断断续续地讲述了自己如噩梦般的遭遇：一名男子用肩膀把她扛下楼梯……她在汽车后座上被强暴……她求饶但被拒绝……她的讲述令人痛心，但讲述的内容并不具体，根本不足以提供有用的线索。她的律师很快就状告机场丽晶酒店玩忽职守，并提出巨额索赔。这让警方感到可疑，因为强奸受害者通常并不急于要钱：莫非她是一个复杂骗局的一部分？

但警探们还是尽可能查找线索。他们在该女子所住房间里梳理证据，询问酒店员工，查看案发当天清晨的所有监

此案发生于美丽的迈阿密

布伦南侦探

控录像，翻阅旅客名单。该酒店的客房数多达174间，每天来往宾客很多，要把其中所有人的情况都弄清的话，需要大量时间和精力，并非是达得区警署有能力为之的。最终，该警署的性犯罪分部把此案案卷放到一边，理由是线索不明。当时负责侦办此案的警探阿伦·福特后来回顾说："我们（当时）实在是束手无策。"事发的酒店委托了一家律师事务所为其洗清责任，该事务所则聘请私家侦探肯·布伦南调查此案。

福特当然有些不乐意。他通常很讨厌私家侦探插手他负责的案子。布伦南看上去也不像是个侦探，而更像是个演员。他已人到中年，皮肤黝黑，头发灰白。他曾经是举重爱好者，喜欢穿敞领衬衫，从而亮出他引以为豪的胸大肌。他很有男子气概，给人以不达目的不罢休的感觉。他离了婚，前妻已过世。他曾是长岛（美国纽约州东南部岛屿）缉毒局的一名警探，而且是联邦密探。在那里干了8年后，他在20世纪90年代中期辞职做起了商品经纪人，然后又成立了一间私人侦探所。他热情而健谈，但更突出的是他的睿智——他能很快揣量出一个人的情况。他很喜欢挑战，最喜欢接手来自大公司和律师事务所的疑难案子。

至于这桩案子，布伦南要查明的是：谁强奸、殴打了这名年轻美女，并弃她于荒草地？袭击是发生于酒店内，还是她在酒店外遇到了袭击者？究竟有几个袭击者？她是一个简单的受害人，还是某个骗局中被利用的对象？或者，她是否在出演"苦肉计"？

福特的年龄与布伦南相仿。前者长着一头红黄色的头发，蓄着浓密的金黄色胡子。一见到布伦南，他对后者的敌意就消除了。他一下子就把布伦南看成是自己的同事加兄弟。布伦南对福特说："我不会干任何没有告诉你的事儿。我不会给你找任何茬子。如果我查出了那个坏蛋，当然是由你去抓捕。"

福特认为布伦南说得在理，于是与后者分享了通常他不会让人分享的东西：犯罪现场照片、来自酒店的监控录像和受害人头脑不清的陈述。福特询问过多名酒店员工，但他们什么都没看见。总之，福特自认为在调查此案方面已竭尽全力。他想的是：布伦南好家伙，你就看着办吧，祝你好运。

2005年11月，布伦南细读了机场丽晶酒店所投保公司的精算师对此案案情的详细记录和总结，当时距离受害人被发现已8个月。从记录看，该女子的记忆点支离破碎。她先说自己被1个男人袭击，然后说是2个男人，接着又说是3

个男人。她一会儿说袭击者有西班牙口音，一会儿又说是意大利口音，一会儿还说可能没有什么口音。总之，没有任何证据把任何人牵连到此案中。

案发酒店有完善的监控系统。整座酒店由篱墙环绕，所有后门都上锁并监控。酒店的全部入口和出口数量并不算多。夜间，后门全部关闭，只有通过遥控才能打开。任何时候，任何出入口都有两名保安值守。每个出入口都有监控摄像，酒店大堂、大堂电梯、游泳池和停车场等也有监控摄像。酒店所有旅客都有数字钥匙卡，其房门的每一次开闭都会在电脑中留下记录，因此，要追踪到每一个客人进出房门和酒店的情况是很容易的。

布伦南知道，受害人当日凌晨3时41分开门进入过自己的房间，这从她的钥匙卡记录可以查到。破晓时分，她就趴在了酒店以西13公里外的草丛中。在这两者之间大约3小时的时间窗口里，她一定是在某个时刻离开了酒店。然而，任何监控录像上都找不到她离开酒店的证据。这是为什么？

受害人曾无数次出现在酒店的监控录像中。这些录像显示，她穿着亮红色夹克，金色卷发齐肩。她经常在夜间进出酒店。在酒店住了一段时间后，她很明显已经有些烦躁。她经常来到一楼大堂与员工或其他宾客交谈，或者到指定吸烟处吸烟。她经常与一位朋友外出吃饭，午夜前后返回酒店。

案发当晚，她被看见在凌晨3时左右离开电梯，前门监控显示她步行离开酒店。她对酒店人员说，她要去附近加

油站购买电话卡，因为她想给在乌克兰的母亲打电话，当时的乌克兰时间正好是起床时分。录像显示，她离开了几分钟后就返回了酒店。大堂监控显示她回到酒店并经过大堂。一会儿后，她进入电梯，最后一次上楼。一名个头很大的黑人男性跟在她身后也进了电梯，监控录像显示他们有交谈。警方调查报告证明，她在这之后20分钟才回到自己的房间。那么，这20分钟内她到哪儿去了？警方对此有多种猜测。她自己对这20分钟没有记忆，而是说自己当时直接回到了房间。布伦南查看了电梯录像上的时间，发现它比酒店电脑时钟（它记录了房门插卡即开关房门的时间）快了不止20分钟。也就是说，她出电梯后确实直接回到了房间，在这之间并没有什么20分钟的空档。不过，当她进入大堂电梯后，她再未出现在任何监控录像中。

酒店的监控录像井然有序。它们并非连续工作，而是被"动静探测器"激活。达得区警方曾试图通过很缓慢的移动等方式来欺骗"动静探测器"，但

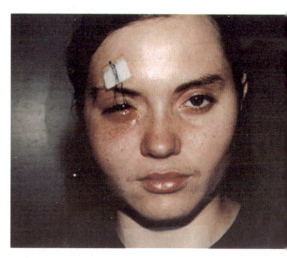

惨遭蹂躏的机场丽晶酒店受害人

都失败了。由此看来，一种可能性是她通过自己在4楼房间的窗户而离开了房间。有可能是，已经失去意识的她被人扔出窗户，或者用绳索等方法把她下移到酒店背后的地面灌木丛中，然后把她带走，但她并未显示出被扔出窗户、被绳索捆绑的迹象，酒店背后的灌木丛也没有被踩压的迹象。还有一种可能性是，因为袭击者不止一人，所以在她被下移到灌木丛的过程中，避免了在她身上或灌木丛中留下痕迹。布伦南认为这类解释根本就行不通，原因很简单：性犯罪通常都不是由把受害人从4楼下移到地面的犯罪团伙来实施的。那么，凶手究竟是谁？答案仍未明朗。不过，不管他（她）是谁，都一定会在酒店的监控录像中留下蛛丝马迹。那名保险精算师在其案情总结中这样说："最大的谜题是，这名女子是怎样离开酒店的？"这个谜尚未被破译。

布伦南在备忘录中写下了这样一个词："伪装？"他开始更仔细地研究酒店录像，直到能解释每一次人员进

机场丽晶酒店受害人照片

出。每当一个人或一群人到达酒店，酒店的前门录像都有记录。几秒钟后，他（她）或他们被大堂录像记录。接着，被电梯录像记录。房门钥匙卡则记录了客人进房情况。与此类似，客人离开酒店被以与前述相反的顺序记录：电梯、大堂、前门。酒店停车场的监控录像记录了汽车的每一次进入和离开。

一个接一个地，布伦南排除了几十个潜在的嫌疑人。如果某人在受害人重回自己房间之前就离开了酒店，并且再未返回，那么他（她）就不可能袭击她。这样的人被排除嫌疑。那些进入酒店后也未见离开的人，也被排除嫌疑。同样被排除嫌疑的，还有那些离开酒店时没有拿包或只拿了小包的人，但布伦南不排除任何可能有动机的人，哪怕是女性或家庭对象。他尤其仔细地寻找神情举止紧张、奇怪的人。

这种十分费神的过程，让他最终圈定了唯一的一个嫌疑人：在案发凌晨3时41分紧随受害人进入电梯的那个黑人男性。他戴着眼镜，个子很高大——身高超过190厘米，体重大约145千克。他在进电梯时与受害人轻松交谈，并且他在早晨5时28分走出大堂电梯，还拖着一个带滑轮的手提箱。前门监控录像显示，他很随意地拖着手提箱前往停车场。他在大约1小时后返回酒店，但手提箱不见了。回酒店后，他乘电梯上楼。这些记录让布伦南相信：受害人被装在此人拖的手提箱中带出了酒店。

但这只手提箱看上去太小了，甚至能放在飞机客舱的头顶行李架上。可是，这个男人的个头很大，因此这只手

提箱看上去太小就是一个假象。布伦南研究了此人离开电梯和离开酒店前门的录像，并且测量了两者的门道。通过观察监控录像中的参照物——位于该男子所拖手提箱两侧的瓷砖的数量以及电梯内的一圈把手的高度，布伦南估计出了这只手提箱的实际大小。他找到了一只与此大小相仿的手提箱，并邀请一名与受害人身材相似的女性钻进去，结果能装下。

他在进一步仔细审视监控录像时发现，该男子在拖着手提箱从电梯中出来时，手提箱的轮子在很短时间内卡在了电梯底面与楼面之间。如果不是很仔细地观察，就很难发现这一点。当时，该男子不得不拖了一下手提箱。尽管他的个头很大，拖一下手提箱却明显费力。布伦南这下子确信了：虽然受害人自述

被2个甚至3个"白人"男性袭击，并且袭击者可能带有西班牙或意大利口音，但真正袭击她的肯定是这个黑人男子。

布伦南对这个嫌疑人的举止感到惊讶。他在监控录像中的表现竟然是如此镇定。作为联邦密探，布伦南见过很多因为实施暴力犯罪而在其后表现异常的人。他们几乎毫无例外地表现出发狂、震颤和惊慌。如果一个人强奸并殴打一名女性，直到相信她就要死了，然后把她弃"尸"荒野，却还能若无其事地溜达回来，那只能说明此人是多么残暴而冷血，其心理是多么"强大"。可悲的是，这个黑人大块头正是如此一个冷血狂魔。

要找到这个嫌疑人，酒店的记录根本就没用。这间酒店的客房太多，客人也太多，所以没有办法详细调查每个

①犯罪嫌疑人拖手提箱出酒店（监控录像截屏）
②犯罪嫌疑人尾随受害人进电梯（监控录像截屏）
③提取犯罪嫌疑人的DNA
④侦办人员调查犯罪嫌疑人
⑤另一名受害人指认犯罪嫌疑人

房客。就算有酒店员工记得（事实上他们记不得）一个戴眼镜的大块头黑人男性，也无法确知他是住客还是来访者，或者他是否与其他人住一间房。哪怕酒店复印了旅客的驾照（酒店并非总是这么做），复印的照片也会很模糊，所以根本没办法看清脸。

于是，布伦南只好又去看监控录像。既然已确定了嫌疑人，布伦南就开始仔细观察他——观察他在电梯、大堂、餐厅和前门的情况。在一段电梯监控视频中，嫌疑人与另一名体格健壮的黑人男子走在一起，后者身穿的一件白色T恤的前面印着"mercury"字样，但这对布伦南来说没什么用。这个单词既是一个汽车品牌的名字，也是一颗行星——水星的名字，还是元素汞的英文名字。这两人当时在一起的方式，证明

他们互相熟悉。在这段录像中，他们经过电梯后右转，朝餐厅方向走去。于是，布伦南调看餐厅监控录像。没错，它记录了这两人进餐厅的情景。随着布伦南审看更多的监控视频，他发现这两人经常在一起，因此他怀疑他们这段时间一直都待在一起。穿白T恤的男子在其颈部挂有身份识别牌，但在录像中看不清楚。布伦南询问美国宇航局是否有办法强化视频中的这个场景（宇航局有强化外星探测图像的能力），但后者回复说没有这个能力。

这样，布伦南不得不再次审视监控录像。在餐厅录像中，短暂可见穿T恤男子的背部，其背上可见另一个单词。最佳视角来自于他侧身避让他人的一瞬间，它给予摄像机一个更好的角度。布伦南能看见这个单词的第一个字母V和

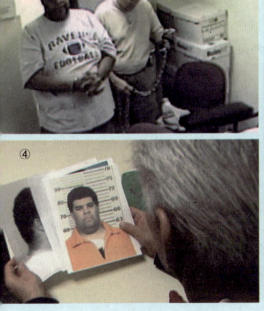

最后一个字母O。中间的单词都模糊，只能猜个一二。他能猜的最好结果是"Verado"。他不知道这个词表示什么，但上网查到它是船舶发动机制造商"海洋信使"生产的一种新型船艇舷外挂机。2005年2月，也就是机场丽晶酒店美女失踪案案发期间，迈阿密举行过一次船艇展览。也许，穿白T恤者当时正在为参展的"海洋信使"公司工作。那么，嫌疑人有可能是他的同事。

"海洋信使"是大名鼎鼎的布伦瑞克公司的子公司，该公司还生产台球、保龄球设备及其他娱乐装备。布伦南致电该公司保安主管阿兰·斯帕林，向后者解释他的意图。布伦南首先想到的是，该公司可能会安排参加船艇展览的雇员住在机场丽晶酒店。如果是这样，他就能通过该公司找到嫌疑人。斯帕林查了查，发现本公司参展员工住在另一家酒店。布伦南又问：有没有该公司聘请来搭建展台的人住在机场丽晶酒店呢？对方的回答同样是：没有。

"那么，谁能得到这种T恤呢？"布伦南穷追不舍。斯帕林两周后打电话对他说：这种T恤只在船艇展览的美食区散发，负责的是中央餐盘公司。这家大公司专门服务大型会议和体育赛事，其雇员遍及全美。布伦南打电话给该公司人力资源主管，后者说他们公司的确有一部分人当时住在机场丽晶酒店，但公司为那次船艇展览新雇了超过200人，他们来自全美各地。布伦南说："总该有人记得一个戴眼镜、体重达145千克的大个头吧。"

一周后，中央餐盘公司有人回电布

伦南说：他们公司的确有人记得一名戴眼镜的大个子黑人，但没人知道他叫什么；不过，有人记得公司当时雇他在梅泰里（美国路易斯安那州东南部城市）的和风运动场工作，那里是美国职业体育运动小联合会成员——新奥尔良和风棒球队的主赛场。这是个很好的线索，但天公不作美——卡特里娜飓风几个月前摧毁了梅泰里，该市居民全部撤离。

布伦南是个固执的人。至此，他已经花了好几个月来辨认、寻找那个强奸、殴打了一个他从没见过的女子的人。这已经绝不是因为他受雇帮人调查，事实上，没有人比他更关心这个案子。他知道，酒店的投保商最希望的是他能查明受害人是个妓女，这样一来凶手就不过是她的一个嫖客而已，这对酒店开脱责任来说大有助益。

但布伦南头脑中抹不去一个场景：一个戴眼镜的大个头男子，镇定、冷酷地重复其罪恶勾当——寻找下一个猎物，并且确信自己不会被发现。卡特里娜飓风当然是个坏消息，但也有好消息。布伦南有个好友——欧内斯特·德马在梅泰里警局工作。多年前，带着孩子在梅泰里度假时，布伦南恰遇德马抓捕一名越狱逃犯，并且帮了德马的大忙。接到布伦南的电话，德马立即派员前往和风运动场。当时，该运动场正加紧重建，准备在2006年重开。德马很快就回电布伦南："好消息是，我知道他是谁了。他叫迈克·琼斯。当然，叫这个名字的恐怕有几百万人。不过，他已经不在那里工作，也没人知道他去哪儿了。"

布伦南立即重查机场丽晶酒店的数据库，果然查到了一个叫迈克·琼斯、并且在袭击当晚住在该酒店的客人。他入住该酒店的时间是2月14日，也就是在强奸、殴打事件发生之前7天。他退房是在当月22日，即此案发生后当日。他的旅行信用卡上的全名是迈克尔·李·琼斯。此卡已注销，卡的主人（一个叫琼斯的美国弗吉尼亚州居民）多年前就已搬离办卡时的居住地址，并且未留下转递地址。布伦南无权从信用卡公司查询更多信息，而他所得证据也不足以让迈阿密达得区警方介入此案。琼斯在酒店登记时留下的电话号码，果然是中央餐盘公司的一个号码。

尽管琼斯不再为中央餐盘公司工作，也没人知道他去了哪里，布伦南却对其追踪对象的一些情况很肯定。从他此次的作案过程来看，他无疑是一个惯犯。在中央餐盘公司的工作让他在各个城市间穿梭，为他用"屡试不爽"的手法连续作案提供了"方便"。如果琼斯确实是布伦南要寻找的目标，那么他肯定不会就此收手。既然他不再受雇于中央餐盘公司，以他的工作经历，他又可能去哪儿呢？

从中央餐盘公司那里，布伦南得到了该公司的25个最大竞争者的名单。他致电了这些公司当中多家的人力资源部，均未得到线索。碰巧其中一家公司——喝彩公司的总部在坦帕地区，而布伦南当时正计划去那个方向出差，于是他决定登门造访该公司。其实，作为一名侦探，上门调查总比电话询问好。果然，该公司相关主管还没等布伦南把话说完就回答他：因为你并非是执法官，所以必须有传票才能获得有关信息。而其他所有公司都已回复他没有他要找的这个人。因此，布伦南判断答案就在喝彩公司。福特警探知晓后，很快就向喝彩公司发去了传票。不出所料，该公司确实有个名叫迈克尔·李·琼斯、戴眼镜、个头大的黑人雇员，他目前在马里兰州的弗雷德里克工作。

当福特警探及其一名助手出现时，迈克尔·李·琼斯正站在哈利林体育场的一个烧烤柜台后面。当布伦南告诉他关于琼斯的信息后，福特很佩服他的坚韧，但仍然对他所言将信将疑。警署有规定：出城抓捕嫌疑人，不能单独一人执行。于是，福特一直等到另一名警探能跟他一起去。这趟行程的单程驾车花了一个半小时。

当天早些时候，福特打电话给琼斯，问他在哪里。福特在电话里说，他想调查的是在迈阿密船艇展览期间发生的一个事件，并且证实了琼斯当时在那里工作。琼斯在电话中显得很有礼貌，有问必答。他说自己当时的确是在迈阿密，并说等待福特侦探的到来。他还告诉了福特前往棒球场的路该怎么走。

琼斯的个头大得有点吓人，但说话和举止特别轻柔、友好。同事们都很尊敬并喜欢他。他穿着围裙，把福特及其助手引到体育场外的一个野餐区域。福特问琼斯在迈阿密有没有找女人，后者说"上了一次当"。福特又问他是否在机场丽晶酒店与女性发生过关系，他说没有，还说他在迈阿密与之发生过关系的女子一直为船艇展览工作，他们是在别处认识的。福特问："是金发女子？"琼斯答："不是。"福特又问："她有没有外国口音？"琼斯说，她是个德国人。

福特其实没把琼斯当嫌疑人，因为后者举止坦荡，令人信服。他不想再浪费时间，于是直入话题："听着。一个女孩在那一周被强奸。你与此有没有关系？""绝对没有。""你没有把她打得半死，然后把她拖到一个荒草地等死？""哪来的话哟！""你是否愿意提供DNA样本？"琼斯立即表示愿意。福特拿出DNA采样箱，让琼斯签署认可书，然后把棉签插入琼斯口中。

福特返回后，立即致电布伦南："我告诉你，他（琼斯）不是我要找的人。"布伦南说："不。绝对是他！"布伦南还立即飞到弗雷德里克，和琼斯对话了3天，而后者继续否认。布伦南返回迈阿密几个月后，福特致电他："你说的没错。"琼斯的DNA与从受害人身上提取的DNA完全匹配。

2006年10月，布伦南飞到弗雷德里克，与抓捕琼斯的福特会面。接手此案11个月后，福特正式起诉琼斯犯有多项重罪：强奸、绑架并严重殴打一名年轻妇女。在弗雷德里克警方的一间审讯室里，琼斯始终不认罪。面对DNA证据，他承认与这个"妓女"发生过关系，但说自己绝对没有伤害过她。布伦南问他案发当天早晨5时为什么要拖着大箱子去停车场，他说他已记不清当时的情况。他还说他的大手提箱里只有他的衣服、鞋子和游戏机。但当警方出示的证据表明他拖这只箱子很费劲时，他又突然记起箱子里装了一些大开本的书，还说自己很爱读书。然而，当布伦南问他都读些什么书的时候，他却说不出一个书名。

不过，琼斯的否认看起来一点都不失态，反而让人觉得他很诚实。就算有了DNA证据，却也不算是确凿的铁证。与"妓女"发生关系，当然会留下DNA证据，而这并不能证明强奸、绑架和殴打（尤其是在受害人神志受损、一直未恢复的情况下）。另外，如果他就是凶手，那么他又怎么会主动提供DNA证据？虽然受害人从一堆照片中认出了琼斯，但她对那夜的记忆模糊不清，因而构不成令人信服的证据。

琼斯最终承认了性袭击，迈阿密检方因此取消了对他的其他多项重罪指控。他被判坐牢两年，此案结案。布伦南对此很失望，好在故事到此并未结束。

布伦南坚信琼斯是惯犯，性袭击是他的"爱好"。他对福特说："把他（琼斯）的DNA输入系统。"这个"系统"是指"DNA联合索引系统"（简称CODIS）。这个由美国联邦调查局掌管的数据库，如今已存储了超过800万份罪犯DNA样本。美国各级执法官员经常把来自罪犯、犯罪现场和来自未破解罪案受害人的DNA样本输入此系统，多年来被该系统电子匹配的案件超过10万例，其中包括不少时空跨度很大的案例。2006年底，迈阿密达得区警方把琼斯的DNA输入CODIS。7个月（系统比对结果最终确认所需标准时间）后，3个新的匹配结果出来了。

美国科罗拉多州斯普林斯警署性犯罪处的特里·斯拉普顿警探手头有个已经困扰了她超过1年的强奸、殴打案。受害人是一名蓝眼金发女子。2005年12月1日清晨，她上了一名男子的车。这个个头很大、戴眼镜的黑人当时主动送她回家，却进入她家强奸了她，还用手死死捂住她的嘴。斯拉普顿没有得到任何有价值的破案线索。然而，采集自受害人的DNA证据最终被发现与琼斯的匹配。

在美国新奥尔良还有两个受害人。2003年5月5日，其中一人（也是金发美女）在法语区玩得很晚，清晨时分想打车回酒店。当时，一名戴眼镜、个头很大的黑人男子把车停在路边，说愿意送她。她后来说，他把她带到一片草地，然后强奸了她，并且在袭击她时用他的手死死捂住她的嘴。她说，她咬掉了他手掌上的一小块。他后来驾车逃离，把她留在草地上。她报警，并且向警方提供了强奸者的精液样本。最终，CODIS证明了强奸她的人正是琼斯。另一名新奥尔良受害人也讲述了类似的案情，但未能从一堆照片中认出琼斯。

在上述3个案例中，琼斯都被证明在对应的时间到过案发地区。2008年，当他在佛罗里达的刑期将满时，他被送到科罗拉多州的斯普林斯受审。由于那名科罗拉多妇女（即蓝眼金发受害人）已经因为与罪案无关的原因死亡，地区律师请求迈阿密受害人和新奥尔良受害人之一充当证人。她们都提供了DNA证据来指证琼斯。

那名新奥尔良证人的作证卓有成效。她的记忆清晰，证词有力，但迈阿密的乌克兰受害人依然记忆模糊，加上她的英文不好，更让审讯变得困难。琼斯坚持说，这些女性都是妓女，都自愿与他发生关系。由于没有任何证据表明她们真的是妓女，况且她们互相不认识，对案情的描述却惊人的一致，再加上无可辩驳的DNA证据，琼斯最终被判终身监禁，迈阿密受害人则获得酒店及其保安公司的30万美元赔偿。

案发的酒店

（刘安立）

衣领炸弹谜案

一桩令人匪夷所思的惊天案件，对枪支泛滥、罪案频发的美国来说，不能不说是一个莫大的讽刺。

当地时间2003年8月28日下午2时28分，一个名叫布里安·威尔斯的中年比萨饼送货员走进美国宾夕法尼亚州伊利市的一家PNC银行。他左手拿一根短手杖，身穿的T恤衣领下有一个奇怪的鼓起。46岁的威尔斯已有些秃顶。他递给银行柜员一张字条，上面写着："集合所有知道接入码的人员到金库，尽快往袋子里装25万美元。你们只有15分钟时间。"接着，他掀起自己的T恤，露出吊在颈子上的一个重重的盒子式装置。根据那张字条，它是一枚炸弹。出纳员对威尔斯说，这个时候没法进金库。她还往威尔斯的袋子里装了8702美元现金，并且把袋子

威尔斯拿着手杖长枪和抢劫的现金离开银行

递给威尔斯。威尔斯一边走出银行，一边咂吸顺手从银行柜台上拿走的一根棒棒糖。他跳上自己的车，驶离现场。15分钟后警方发现，在附近一家停车场里，威尔斯站在自己的车外。警察立即包围了他，把他的双手铐在他身后，然后把他带到人行道上。

威尔斯对警方说，他在送货过程中遇到几个黑人，他们用枪威逼他，把炸弹挂到他的脖子上，强迫他抢银行。威尔斯绝望地对警方说："它（指炸弹）会炸的！我没撒谎。"警方防爆小组接令后立即在各自的警车后待命，随时准备出击。电视摄像人员到达现场，开始拍摄。25分钟时间里，威尔斯一直坐在地上。"你们能给我的老板打个电

话吗？"他问一名警员。他显然担忧老板会认为他在逃避职责。突然，他颈上的装置发出越来越快的"哔哔"声。威尔斯显得既很紧张又很烦躁。他试图挣脱这个装置。"轰……"那个装置最终爆炸。威尔斯被一下子炸倒在地，胸口被炸出一道十几厘米长的大口子。这个比萨饼送货员最后挣扎了几下，死了。时间定格在下午3时18分。3分钟后，防爆小组抵达现场。

警方开始采集物证。在威尔斯的车里，他们发现了那根60厘米长的手杖，发现它竟然是一把制作精妙的自制长枪。威尔斯颈上的装置真的是一枚炸弹，而且也是一枚制作精妙的自制炸弹。这个装置由两部分组成：上面有4

衣领炸弹受害人威尔斯

威尔斯在被抓获后说:"我没多少时间了。"

个锁眼和3位数字密码锁的一根三环套管;装载两枚自制管式炸弹的一个铁盒,炸弹里装着双基无烟火药。威尔斯颈上挂的绞合圈就像是一只巨大的手铐。调查人员一眼就能肯定,这整套装置都是采用专业工具制作的。它装有两个厨房计时器和一部电子倒计时定时器。它还有多根电线穿越自身,但这些电线并未与任何东西相连——很明显,它们旨在误导拆弹员。这些电线上还有欺骗性的警告语。如此看来,这个炸弹装置本身就很蹊跷。

但最令人困惑的证据,是调查人员在威尔斯的汽车里发现的手写字条。这张字条是写给"炸弹人质"的,它指令威尔斯抢劫银行25万美元,然后按照一系列复杂指令,去找到隐藏在整个伊利市里的一连串钥匙和组合密码。字条中包括草图、详细地图和有威胁性质的语言。指令中说,如果威尔斯按照指令去做,他找到的钥匙和密码最终就会让他摆脱炸弹,但如果不遵从指令,就必死

无疑。这张看不出字迹特点的字条是谁写的?这个问题把笔迹分析专家都难住了。看来,不管是谁策划了这场抢劫,他(她)或他们都为威尔斯设计了一个噩梦般的"寻物游戏",而这场"游戏"的"奖励"就是他的性命。

在威尔斯死后,警方试图完成这个"游戏"。第一张字条写得明明白白:"拿钱离开银行后,前往麦当劳餐厅。下车,走向花坛里写着'24小时营业'的小标志牌。这张标志牌旁边有一块岩石,岩石底下粘着字条,它会告诉你下一步。"威尔斯当时取走了岩石上黏着的一共两张字条,它们指令他驾车上皮奇路,前往好几千米外的一片林地,那里有一个装着橘红色字条的容器,它会给出下一套指令。还没等找到这个容器,威尔斯就被抓住了。调查人员找到了这张字条,它发出的指令是前往南面3.3千米外的一个小路标,下一条指令装在此路标旁边林地里的一只罐子里。警方找到了这只罐子,但它是空的。看

来，这场恐怖磨难的策划者在警察一出现后就取消了剩下的"游戏"步骤。在这个罪恶计划执行过程中的每一步，策划者都在观察动静。

威尔斯的衣服平添又一个疑点。他死时穿着两件T恤，外面一件有盖尔斯（美国服装品牌）的标志。当天早上，威尔斯上班时没穿这件衣服。他的亲友说，这件衣服明显不是他的。困扰办案人员的谜题还有很多，例如：谁是这个计划的策划者？为什么要让一个人质在光天化日下跑遍整个伊利市？为什么要让线索散落在它们可能被发现的地方——公共场所？为什么威尔斯会被选定为人质？

这些谜题不仅难住了整个伊利市，也吸引了整个美国甚至全球关注。它还引发了一系列秘密调查——多名美国联邦密探参与寻找破案线索。这个难找的幕后元凶被美国媒体称为"衣领轰炸员"。7年来，就连大名鼎鼎的美国联邦调查局也被"衣领轰炸员"搞得晕头转向，就像当初那可怜的威尔斯。

这场追捕始于"妈妈咪呀比萨店"。死亡当天下午1时半，该店接到来自市郊的一份订单。威尔斯是该店的一名忠诚雇员，10年来他上班只迟到过一次——当时他的宠物猫死了。虽然当天他很快就要下班了，但他答应送完这一单再下班。大约下午2时，他带着订单指定的食物离开了比萨店。

此单送货地点是位于皮奇路附近一片林地里的一座电视转播塔，但只有一条泥路通往这里。调查人员搜索这片区域时，发现了与威尔斯的足迹匹配的鞋印以及与威尔斯的汽车轮胎印匹配的胎印。对于是谁诱导他前来以及他到来后发生了什么，这个地点都不能提供线索。

案发次日，伊利市报纸《时报新闻》的一名记者和一名摄影师来到这座电视塔。通往电视塔的泥路当时已被警戒，但记者发现一名体格魁梧的男子在电视塔旁边的自家门前踱步，他家后院延伸到距离电视塔很近的地方。该男子说自己是比尔·罗思坦。59岁的罗思坦未婚，是一名杂务工，也是该区域的固定居民。他不仅精通英语，而且法语和希伯来语也说得很流利。他看来对发生在自家附近的调查毫不在意。急于观察当地情况的记者问罗思坦：可否带我们参

警方查获的"寻物游戏"指令

衣领炸弹模型图

观一下你家院子？在他同意后，他们共同走进他家后院，但这里灌木丛生，看不出所以然。在罗思坦家待了大约15分钟后，记者离开。

罗思坦或许看来只是个在电视台旁边拥有房地产的人。但他实际上暗藏着一个黑暗的秘密。在威尔斯死亡不到一个月后的9月20日，罗思坦拨打了911电话："皮奇路8645号的车库里有一具冷冻的尸体，它位于车库的冷冻箱里。"8645号正是他家的门牌号。打这个电话几小时后，罗思坦被拘留。他对警方说，他已经苦恼了几星期。他想自杀，甚至已留好了遗书。警方在他家的桌子抽屉里找到了这份遗书。在遗书中，罗思坦以黑字向"那些关心过我的人"道歉，并且指出他家车库冷冻箱里的那具尸体是吉姆·罗登的，但他并未杀死罗登，也与罗登之死无关。遗书开头是一个令人好奇的免责声明："本遗书与威尔斯之死无关。"

此后，罗思坦向警方解释了他的冷冻箱里为什么会有一具尸体。他说，他8月中旬接到前女友玛乔丽·迪尔·阿姆斯

特朗的电话，迪尔是他在20世纪六七十年代的女友。迪尔在电话里说，她枪杀了自己的同居男友吉姆·罗登。她和罗登因为钱的问题吵架，气急之下，她用一把霰弹猎枪击中了罗登背部。她需要移走罗登的尸体，并且清理干净自己的家（她家距离罗思坦家大约17千米）。按照她的请求，罗思坦把罗登的尸体放在他家车库的低温冷冻箱里超过5星期。他还费了很大劲来熔毁迪尔杀人用的枪，把枪的部件拿到伊利市周围的多个地方隐藏。罗思坦又说，他无法按照迪尔的计划碎尸。他之所以拨打911，是因为害怕迪尔可能报复他。9月21日，也就是罗思坦拨打911电话的第二天，迪尔因为谋杀罗登被捕。2005年1月，她认罪但又被认定为精神失常，被判在州监狱服刑7～20年。而到了这时，罗思坦已无需担忧前女友对他的报复：2004年7月，罗思坦死于淋巴癌。

衣领炸弹悬案调查团队一直不太关注罗登谋杀案。他们认为，罗登案只是一个局部案例，与他们调查的案子并无关联。但2004年4月，他们接到一名

州警官的电话，后者刚刚见了迪尔，谈论一件不相关的杀人案。按照迪尔的说法，罗思坦在遗书中撒谎，因为罗登被谋杀与衣领炸弹案完全分不开。当联邦密探见到迪尔时，她对他们说，如果能把她从看守很严的州监狱转到不那么严、并且距离伊利市不远的一所监狱，她就会把自己所知的一切都告诉他们。

早在迪尔因谋杀罗登被捕前，她就是伊利市出了名的恶人之一，她出名是因为她的一连串情人都死了。她首次引起公众注意是在1984年，当时35岁的她被控谋杀了男友罗伯特·托马斯。迪尔称自己为了自卫而对托马斯开了6枪，陪审团最终裁决她无罪。4年后，迪尔的丈夫理查德·阿姆斯特朗死于脑出血。理查德之死被认为属于意外，但疑问未消：理查德到达医院时头部有伤，而他的尸体却并未被送到验尸官那里接受检查。

据迪尔的同学讲，高中时期的迪尔智力出众，文学、历史和法律知识都很丰富。但此后多年来，她的出色变得与疯狂联系起来。根据法庭记录，她患有躁郁症，情绪变化很大，说话像连珠炮。她还是妄想狂和自恋狂。1984年，调查人员在她的到处是垃圾的家里发现了近200千克黄油和超过300千克奶酪，它们几乎全都已腐烂。在一名法官最终判决迪尔合乎在托马斯案中受审的条件之前，精神病学家7次认定她因精神障碍而不适合受审。

迪尔看来正好符合衣领炸弹案的嫌疑人类型——有谋杀欲望、性情古怪、一心想展示自己的智力和天赋，这样的

人确有可能设计一出复杂过头的银行大劫案。她看来也是这种人——他们止不住要告诉全世界：瞧，我们的创意是多么超群！当迪尔见到联邦探员时，这正是她的表现。虽然她坚持说自己根本就没卷入这场阴谋，但她又承认自己知道此事，还提供了用于制作炸弹的厨房计时器，并且劫案发生时她距离事发银行不到1.6千米。她还说，死者威尔斯不仅是受害人，而且是这一阴谋的参与者。不仅如此，告发她谋杀罗登的罗思坦也是。迪尔说，事实上，正是罗思坦策划了整个阴谋。

但就算迪尔把矛头指向罗思坦，她本人牵连此案也是确定无疑的。事实上，甚至在她说出这些把自己牵连其中的证词之前，调查人员就开始怀疑她是衣领炸弹阴谋的幕后策划者。在此前的调查中，他们分别询问了4名知情者，后者揭露迪尔向他们非常生动、详细地讲述过这桩惊天案子。根据这些讲述，是迪尔自己杀死了罗登，因为"他要告发抢劫"，还有她为帮助制作炸弹而测量过威尔斯的颈部。

2005年年底，也就是在迪尔与联邦探员谈话后几个月，探员们接到了本案的另一个重要线索：一名证人说，前电视机维修员、后来变成毒贩的肯尼斯·巴恩斯也卷入衣领炸弹案。巴恩斯是迪尔的长期渔友。他毫无避讳地谈论这场阴谋，尽管他已经因为另一桩不相关案子入狱，他的妹夫却还是向警方告发了他的这些讲述。为了减少刑期，他决定将衣领炸弹案的内情全盘托出。

巴恩斯说，迪尔正是衣领炸弹案的

主谋。他说，她需要钱，因为她要给他钱，让他去杀她老爸，理由是这个老家伙正在挥霍自己的财产，而这些财产本该由她继承。巴恩斯称，他对这场阴谋的多个方面不知情，因为迪尔没跟他讲这些。尽管他的说法有不少漏洞，却支持了联邦密探已经听到的大部分说法。此案调查至此终于有些起色了。

2006年2月10日，联邦探员再度与迪尔会面。这一次，迪尔的律师也在场。探员对迪尔说，他们已经有足够证据来控告她。她一下就火了，一边用拳头猛击桌子，一边谩骂探员和律师。但令人难以置信的是，她继续与他们对话。在此后的会面中，她甚至同意与他们坐车环绕伊利市周围，去指认威尔斯抢银行那天她所在的位置。结果，她指认了多个与衣领炸弹案有关的位置。就在这趟坐车快要结束时，她对探员说她不会再提供更多情况，除非她得到豁免信。然而，这为时已晚，因为这个太爱说话的女性已经说了太多。

2007年7月，也就是距离威尔斯之死"4周年"还有1个月时，美国联邦检察官办公室伊利市分部召集了一次有关此案"一个重要进展"的新闻发布会。联邦检察官玛丽·贝斯·布坎南在会上宣布此案调查结束。迪尔和巴恩斯被控实施了这场轰动性的犯罪，而迪尔是这个案子的主谋。其他参与此案者，包括罗思坦和威尔斯，也遭到控告。集纳过去近4年里从超过1000次讯问中得到的大量信息，控方认为威尔斯从一开始就参与此案。他答应戴着他认为的假炸弹抢银行。他被告知"寻物游戏"只是个计谋，是为了骗警察。一旦他被抓住，他就可能以那些具有威胁性的指令为证据，表明他只是在被迫执行指令。

但布坎南在这场发布会上后来又说，威尔斯从本案策划人之一变成了"一个不情愿的参与者"。在案情发展中的某个时点，威尔斯不再仅仅是扮演人质，而且因为被骗而沦为一名真正的人质，而一个"寻物游戏"也从一个聪明的骗局变成了真正的与时间赛跑的死

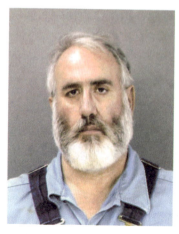

犯罪嫌疑人罗思坦

犯罪嫌疑人迪尔

犯罪嫌疑人巴恩斯

亡游戏。参加这场发布会的威尔斯的亲属，在听到这些说法后看来惊呆了。在布坎南完成讲话后，威尔斯的一个妹妹不断高喊"骗子！"

威尔斯的亲属并非是唯一对上述宣布持怀疑态度的人。对那些密切关注此案的人来说，美国政府的这一被人们期待已久的宣布是非常不令人满意的。它所挑起的问题与它回答的问题一样多：威尔斯为什么要参与这个阴谋？他是否意识到自己正处在危险中？精神问题严重的迪尔，真的能策划如此复杂的一场犯罪？发布会举行一星期后，问题越来越多。当时有媒体揭露说，联邦调查局下结论称衣领炸弹案中的"寻物游戏"只是个骗局。然而，威尔斯之死表明，任何旨在摆脱这枚炸弹的企图都会引爆炸弹。也就是说，威尔斯注定会丢命。如此一来，又怎么能说这个"寻物游戏"只是个"无关痛痒"的骗局？

2008年9月，巴恩斯承认自己参与了衣领炸弹案。他因此被判刑45年，但他答应针对迪尔作证，以此争取为自己减刑。对迪尔的审讯旨在清理干净围绕衣领炸弹案的其他所有谜题，但这需要时间。开始时，一名联邦法官裁定迪尔心智不健全，不适合受审。当她最终被认定可以受审时，她却被查出患癌，因此对她的审讯只能延期。2010年8月，医生宣布迪尔还有3～7年的寿命。于是，对她的审判时间被重定在这一年的10月12日。

最耐人寻味的是，迪尔的律师道格拉斯·苏格瑞决定让他的当事人站在证人席上作证。这看来是一个冒险举动：

毕竟，迪尔已把自己牵连到这桩谋杀案中。让这么一个疯狂、难测的怪人作证，是明智的吗？在伊利市联邦法院举行的这场审判的第五天，巴恩斯出庭作证。到这时，公诉人马歇尔·皮西尼尼（一位满头银发、语速很快的联邦助理检察官）已经对此案作了令人印象深刻的陈述。他称衣领炸弹案是一帮人格扭曲的高智商罪犯自欺欺人的恶行。他还引用了7名曾被关押者的证词。这些证词说，迪尔曾向他们谈及表明她策划衣领炸弹案的信息。巴恩斯则是皮西尼尼的明星证人，也是他的最后一个证人。他讲述了衣领炸弹案发生日——2003年8月23日之前的情况，也就是此案策划过程的情况。

巴恩斯说，迪尔策划了这场阴谋，并且拉拢了一帮人来实施该计划。罗思坦是其中之一，威尔斯是另一个。威尔斯之所以参与此案，是因为这个看起来很老实的比萨饼送货员迷恋上了一个妓女，需要钱。在他的朋友巴恩斯帮助下，他购买毒品，甚至拿毒品与那个妓女做性交易。在衣领炸弹案之前几星期里，威尔斯欠了毒贩很多钱，所以他急需现金。只是到了此案发生日的下午，在他去电视塔送货时，他才意识到自己被骗了——衣领炸弹是真炸弹！这注定他逃不过劫数。在巴恩斯作证的整个过程中，迪尔一直愤怒地与自己的律师说话。她多次大叫"骗子"，结果引来法官的严厉警告。看来很明显的是，让她听别人如此玷污她，真让她非常难受。

2010年10月26日，审判进入第八天，迪尔最终等到机会陈述自己对此案的说法。在两天中的共5.5小时里，她把证人席变成了自己的舞台。她卷曲的黑发看上去很油腻，不时贴到她脸上。每一次开口，她都发射一连串"子弹"。她嘲讽她的律师："那真是个蠢蛋问题，苏格瑞先生。"她藐视公诉人："如果你拿来针对我的就是这样的证据，那我告诉你，这真是一桩很可怜的案子。"她不停地大喊大叫。法官不下50次地想打断她，但经常没有效果。

在她作证的最后一天，她只有1次提到了威尔斯。那是在她的近100分钟"慷慨陈词"的最后10分钟里："我从未见过布里安·威尔斯，我压根儿就不认识这么个人。直到他死的那一天，我才知道有这么个人，我是在新闻中看到这个名字的。"但陪审团对此不予采信。

经过11小时审议后，7名女陪审员和5名男陪审员对所有3项指控都作出有罪裁决：武装抢劫银行、阴谋策划、在暴力犯罪中使用杀伤性装置。2011年2月28日，迪尔被判处无期徒刑。

经过漫长的7年，有关衣领炸弹案的那些大悬疑终于有了答案。至少，坚信迪尔是此案主谋的那些人是这么认为的，但已退休的联邦调查局罪案调查员吉姆·费舍尔并不这么看。从一看到威尔斯在人行道上痛苦挣扎，炸弹挂在他脖子上取不下来的录像画面时起，费舍尔就开始密切关注此案。这位如今65岁的犯罪司法教授喜欢思考悬案，而衣领炸弹案是他见过的最惊人案例之一。他仔细研读媒体对此案的所有报道以及联邦

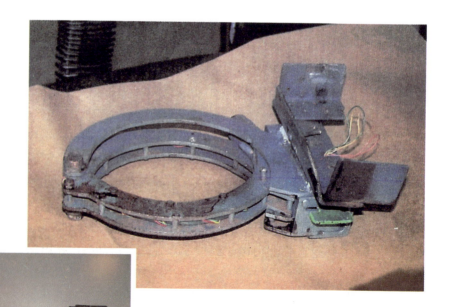

大图：衣领炸弹
小图：威尔斯抢劫时使用的手杖长枪

调查局发布的有关此案的每一个证据。他认为，迪尔绝不可能是这一奇案的策划者。

证据呢？费舍尔指向由联邦调查局行为分析处给出的"衣领轰炸员"情况总结。这份总结中说："我处继续认为，此案远远不止是一桩银行抢劫案。本案中表现出的行为是由'衣领轰炸员'导演的。在案件进行过程中，此人一直在观察案情发展是否正如他（她）的计划。由于此案的复杂性，我处相信犯罪主谋有多重动机，而金钱并非是主要动机。"换句话说，抢劫根本就不是衣领炸弹案的真正目的。此案策划者丝毫不关心威尔斯是否抢到了钱，而只是想创造一个骗人的悬疑，一个多年难以破译的悬疑。就像把威尔斯送上死亡之旅的"寻物游戏"一样，此案策划人也要警方和调查人员一直无功而返地去寻找本案线索。

费舍尔说，这根本就不符合迪尔的做派。也就是说，迪尔不可能是衣领炸弹案的主谋。那么，此案主谋究竟是谁？费舍尔再次指向联邦调查局行为分析处对此案的分析报告："衣领炸弹制作者很熟悉一系列电动工具和家用机器的使用。他（她）积累了各式各样的材料，目的是在不同的计划中重新使用它们。他（她）以自己能制作一系列装置为荣。"对费舍尔来说，这些描述简直就是针对比尔·罗思坦的。这个住在电视塔旁边、用冷冻箱藏尸的杂物工，具备各种技巧来制造像衣领炸弹这样的精妙装置。对费舍尔来说，只有罗思坦才有能力创制和导演像衣领炸弹案这样的

"大戏"。

在费舍尔看来，罗思坦从一开始就在戏耍调查人员。他炮制了至少一部分"寻物游戏"，目的是把调查人员送上一条无用的追踪路，浪费他们在银行抢劫案发生后的宝贵时间。接着是那个911电话。通过指向迪尔在罗登谋杀案中的角色，罗思坦得以按照自己的意愿来构陷对威尔斯之死的调查。他知道，如果他不主动找联邦探员，迪尔或他的其他同谋之一也会去找。在迪尔可能告发他之前，他把迪尔牵连进罗登被谋杀案中，但始终佯装对衣领炸弹案毫不知情。他还给人一种他很坦荡的印象。毕竟，哪个卷入阴谋的人会主动给警方打电话，而且是在案发数小时后就打电话？一直到死，罗思坦都坚决否认自己知道衣领炸弹案，即便在他看来已没有更多理由来隐瞒什么。

在对迪尔的审判作总结发言时，公诉人皮西尼尼称衣领炸弹案是一桩"非常荒谬、狡猾过头、不顾一切却又未能得逞的犯罪"。如果抢钱是罪犯的终极目标，那么这个总结就相当准确，但费舍尔认为，此案犯罪动机根本就不是为了钱。在现实中从未有过什么大成就的罗思坦，很可能是想通过策划一场能抓住全球视线、并且困扰办案人员多年的惊天罪案来证明自己的智商超卓。为此，他招募了自己能控制住的同谋来实施他的计划，但又不让他们知道一些重要细节。这一策略使得对这一罪案的调查更为复杂化。

费舍尔说："这个大坏蛋最后真的赢了。他带着所有的罪恶秘密死了，

也带走了所有谜底。他逃过了侦查，只给我们留下一帮白痴同谋和一大堆谜题。"费舍尔说，这些谜题是罗思坦在提醒世人他自己最终的"胜利"。他是以自由身死的。他设计的"寻物游戏"的最后一个步骤，也即能揭示联邦密探们一直致力于寻找的答案的线索，将永远不会浮现。这对枪支泛滥、罪案频发的美国来说，不能不说是一个莫大的讽刺。

衣领炸弹

（刘安立）